44～45 页：

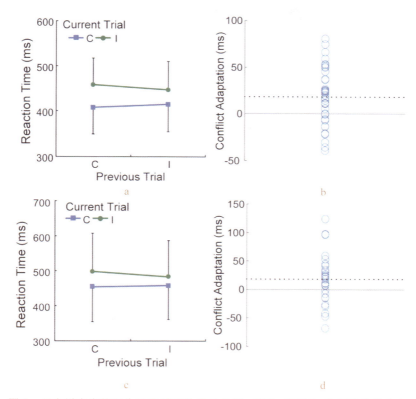

图 2 两个样本中的行为冲突适应效应示意图。图 2a 和图 2c 分别代表样本 1 和样本 2 的冲突适应效应（C 代表一致条件，I 代表不一致条件）。图 2b 和图 2d 分别代表样本 1 和样本 2 中冲突适应效应的个体差异。每个圆圈代表一个被试的冲突适应分数，虚线表示冲突适应效应的平均值。

46 页：

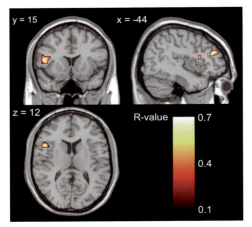

图 3 与冲突适应效应有显著相关的脑区，矫正后 $p < 0.05$。

46 页：

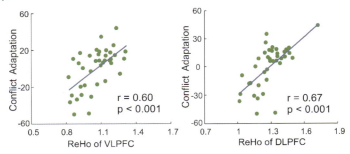

图 4 样本 1 中 DLPFC 和 VLPFC 的 ReHo 值与行为冲突适应效应之间的相关结果

47 页：

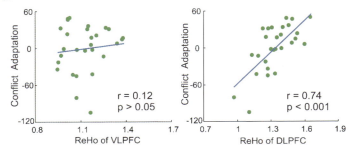

图 5 样本 2 中 DLPFC 和 VLPFC 的 ReHo 值与行为冲突适应效应之间的相关结果

59 页:

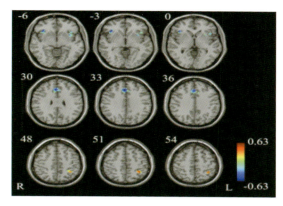

a

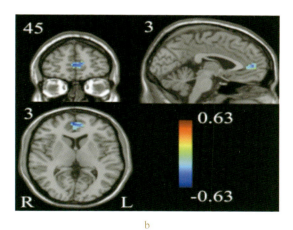

b

图 6 DLPFC 的连接强度表现出与冲突适应效应显著相关的脑区。图 6a 代表与 DLPFC 正连接的脑区结果;图 6a 代表与 DLPFC 负连接的脑区结果。

61 页：

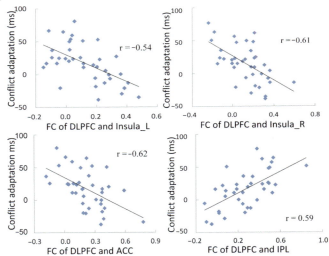

图 7　功能连接强度与冲突适应效应之间的相关散点图

76 页：

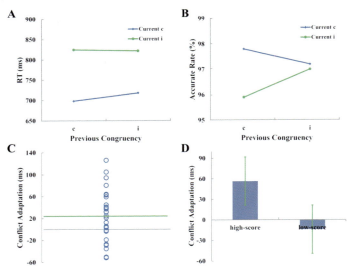

图 8　Stroop 任务中的行为冲突适应效应。A 和 B 分别代表反应时和正确率的结果，C 代表冲突适应效应的个体差异，D 表示根据冲突适应效应分数划分的高分组和低分组两组被试的冲突适应效应。

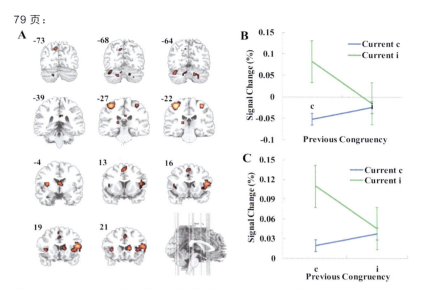

图 9 A 代表冲突适应过程中的脑激活情况（Alphasim 矫正，$p < 0.05$），其中红色部分代表 F 值，从 0 到 34。B 代表每种条件下 ACC 的百分信号变化。C 代表 PPC 在每种条件下的百分信号变化。

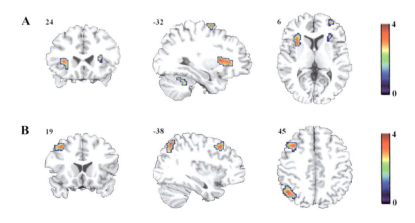

图 10 A 代表以 ACC 为种子点的 PPI 分析结果，B 代表以 PPC 为种子点的 PPI 分析结果。所有结果经过 Alphasim 矫正，$p < 0.05$。

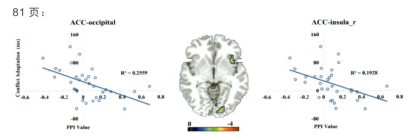

图 11 中间脑区代表高分组和低分组在 ACC 功能连接模式上的差异（高分组减低分组）。散点图代表冲突适应分数与 PPI 连接值之间的相关。

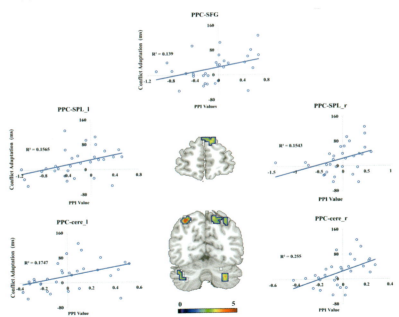

图 12 中间脑区代表高分组和低分组在 PPC 功能连接模式上的差异（高分组减低分组）。散点图代表冲突适应分数与 PPI 连接值之间的相关。

96 页：

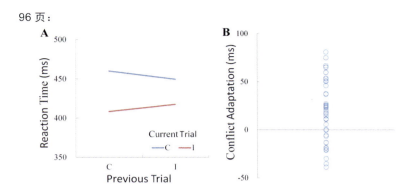

图 13　Flanker 任务中的行为冲突适应效应示意图。A 代表冲突适应效应，B 代表冲突适应效应的个体差异。

97 页：

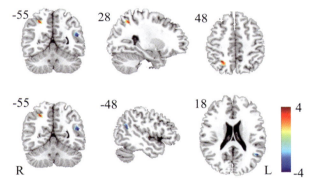

图 14　与冲突适应效应显著相关的脑区。采用 Alphasim 矫正，$p < 0.01$。

105 页：

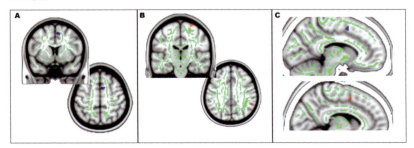

图 15　白质完整性与冲突适应效应显著相关的脑区，Alphasim 矫正，$p < 0.05$。

120 页：

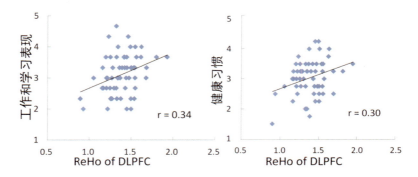

图 16 DLPFC 的 ReHo 值与维度 2（左）和维度 5（右）的相关散点图

自控

「看不见」的冲突适应效应

王婷 —— 著

清华大学出版社
北京

本书封面贴有清华大学出版社防伪标签，无标签者不得销售。
版权所有，侵权必究。举报：010-62782989，beiqinquan@tup.tsinghua.edu.cn。

图书在版编目（CIP）数据

自控："看不见"的冲突适应效应 / 王婷著. —北京：清华大学出版社，2022.5
ISBN 978-7-302-59855-8

Ⅰ.①自… Ⅱ.①王… Ⅲ.①自我控制—研究 Ⅳ.①B842.6

中国版本图书馆CIP数据核字(2021)第280314号

责任编辑：张立红
封面设计：蔡小波
版式设计：方加青
责任校对：赵伟玉
责任印制：宋　林

出版发行：清华大学出版社
　　　网　　址：http://www.tup.com.cn，http://www.wqbook.com
　　　地　　址：北京清华大学学研大厦A座　　邮　编：100084
　　　社 总 机：010-83470000　　邮　购：010-62786544
　　　投稿与读者服务：010-62776969，c-service@tup.tsinghua.edu.cn
　　　质 量 反 馈：010-62772015，zhiliang@tup.tsinghua.edu.cn
印 装 者：三河市东方印刷有限公司
经　　销：全国新华书店
开　　本：145mm×210mm　　印　张：5.25　　字　数：96千字
版　　次：2022 年 6月第 1 版　　印　次：2022 年 6月第 1 次印刷
定　　价：59.00元

产品编号：093446-01

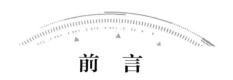

前　言

　　控制自己的思想和行为对于人类来说是非常重要的，然而，这种控制能力在个体之间存在着很大的差异。比如，有些人能够有规律地节食，而有些人明明害怕长胖却又无法抵御食物的诱惑。又如，青少年网络成瘾的问题与自控力有关，自控力的生理基础源于大脑前额叶皮质，它决定了人的认知控制。在认知控制的过程中，大脑通过监测干扰或冲突来动态调整个体的行为，因此个体对冲突的适应与调节能力在一定程度上反映其自我控制的能力。平时，当一个孩子或者成年人明知不对，却控制不住自己去做错事的时候，家人会万分焦急。有的父母在这种情况下，会用各种方法纠正孩子，甚至用语言暴力，他们期待通过施压让孩子控制住自己，不再做错事。但是，如果我们能阅读一些关于大脑自控的脑神经研究和试验，就会冷静下来，分析意志力偏低的原因，重新思考有效的方法。从认知心理学的角度来讲，这种个体差异便是认知控制能力的差异。认知控制能力的主要功能是通过监测干扰或冲突来动态调整个体的行为，从而完成目标导向的行为（Botvinick，Braver，Barch，Carter，& Cohen，2001；Egner，2011）。在实验室中可以通过"冲突适应效应"对这种动态调整过程进行研究。

比如，在色词 Stroop 任务中，给被试呈现颜色词，其中颜色和词的意义一致（如红色的"红"，记为一致试次 C）或者不一致（如绿色的"红"，记为不一致试次 I），要求被试识别字体颜色而忽视词的意义。通常由于词的意义对颜色辨别的干扰，被试对不一致试次的反应更慢，这就是所谓的干扰效应，计算公式为 I-C。而冲突适应效应是指不一致试次之后的干扰效应（II-IC）小于一致试次之后的干扰效应（CI-CC），即冲突诱发了动态调整（Gratton et al., 1992；Mansouri, Tanaka, & Buckley, 2009），而冲突适应效应量的大小就用 [（CI-CC）-（II-IC）] 来表示（Egner, 2011）。冲突适应效应存在着很大的个体差异，这种个体差异可能反映了个体自我管理以及自我控制能力的差异（Wolff, Kronke, & Goschke, 2015），对于个体的日常生活有着广泛的影响。同时，冲突适应效应的个体差异与精神分裂症特质有密切关系（Volter et al., 2012）。因此，研究冲突适应效应的个体差异对于理解正常人的自我控制能力，理解精神分裂症患者的认知功能缺陷，以及寻找患者认知功能紊乱的准确生物学靶点具有重要意义（Egner, 2011）。

本书第一章是冲突适应效应现有研究的综述。第二章探讨了不同个体间冲突适应效应的差异性。第三至五章研究了冲突适应效应个体差异的神经基础。第六章结合冲突适应效应与自我控制能力，探讨了冲突适应效应涉及的脑区以及对个体自我控制能力的预测。第七章对冲突效应和个体自控的研究进行了展望。

目 录

第 1 章 冲突适应效应与自控力 / 1

1.1 冲突适应效应的研究范式 / 4

1.2 冲突适应效应的理论解释 / 6

1.3 冲突适应效应的神经机制 / 14

1.4 冲突适应效应的加工过程 / 19

1.5 动物的冲突适应过程 / 22

第 2 章 冲突适应效应的个体差异 / 25

2.1 冲突适应效应的个体差异概述 / 26

2.2 个体差异的研究方法 / 29

第 3 章 冲突适应效应个体差异的静息态脑机制研究 / 33

3.1 实验 1 大脑自发神经活动预测个体的冲突适应效应 / 35

3.2 实验 2 冲突适应效应个体差异的神经网络基础 / 53

IV | 自控:"看不见"的冲突适应效应

第 4 章　高低冲突适应效应个体任务态下的神经网络差异　/　67

4.1　实验 3　高低冲突适应效应个体任务态下功能连接的差异　/　69

4.2　冲突适应效应的神经网络基础　/　82

第 5 章　冲突适应效应个体差异的大脑结构基础　/　89

5.1　实验 4　冲突适应效应个体差异的大脑结构基础:VBM 研究　/　91

5.2　实验 5　冲突适应效应个体差异的大脑结构基础:DTI 研究　/　100

第 6 章　冲突适应效应个体差异相关脑区对自我控制能力的预测　/　111

6.1　认知控制是自我控制的基础　/　113

6.2　实验 6　冲突适应效应个体差异相关脑区对自我控制能力的预测　/　115

第 7 章　冲突适应的神经基础　/　125

7.1　DLPFC 在冲突适应效应中的作用　/　128

7.2　PPC 在冲突适应效应中的作用　/　130

7.3　ACC 在冲突适应效应中的作用　/　131

7.4　主动性控制与反应性控制　/　134

7.5　结论　/　135

7.6　不足与展望　/　135

参考文献　/　137

第 1 章
冲突适应效应与自控力

在日常生活中，我们经常面临冲突，同时也需要解决冲突。比如，假设一个中国人习惯靠右行驶，某一天去日本旅游，他必须靠马路左边行驶。这时，他将面对一个习惯行为和当前的适当行为之间的冲突。很多研究发现，当这样的冲突出现时，人们的行为表现会受到影响，如准确率下降，反应速度变慢，这就是干扰效应。然而，这种干扰效应不是一成不变的。如果我们先前经历过一次类似的冲突，那么下次解决冲突的能力就会增强，这在心理学上被称为"冲突适应效应"。

冲突适应效应一开始是由 Gratton 等人（1992）使用 Flanker 任务发现的。在他们的研究中，被试需要识别一行字母中间的一个字母，而中间字母和周围字母的关系有两种：一致（如"HHHHH"）和不一致（如"HHSHH"）。结果发现了稳定的干扰效应，即被试对不一致试次的反应更慢，准确率更低；同时，他们还发现不一致试次之后的干扰效应小于一致试次之后的干扰效应，即所谓的冲突适应效应，也被称为 Gratton 效应（Gratton et al., 1992）。随后很多研究使用不同的冲突范式都发现了该现象，如西蒙任务（Sturmer, Leuthold, Soetens, Schroter, & Sommer, 2002）、Stroop 任务（Kerns et al., 2004），甚至双任务背景也能观察到稳定的冲突适应效应（Fischer，Gottschalk，& Dreisbach，2014）。

在大量研究的基础上，Carter 和 Botvinick（2001）提出冲突监测理论来解释冲突适应效应。然而，Mayr，Awh 和 Laurey（2003）通过控制刺激呈现的特征重复，对冲突适应效应提出质疑。他们的研究发现，在控制了刺激的特征重复之后冲突适应效应消失，他们据此认为冲突适应效应实际上只是特征重复启动的结果，并非认知系统的动态调整过程。之后，该结果得到一些研究者的验证（Nieuwenhuis et al.，2006；Wendt，Heldmann，Munte，& Kluwe，2007）。

然而有研究者指出，上述研究都只控制了刺激的重复，没有控制刺激-反应的重复，产生了负启动效应，而结果中原本有的冲突适应效应被负启动效应掩盖了（Ullsperger，Bylsma，& Botvinick，2005）。他们在控制了刺激重复的基础上，通过采用较大的刺激-反应集来控制刺激-反应的重复，结果观察到了稳定的冲突适应效应。随后不少研究都重复了这一结果：在控制刺激重复及刺激-反应重复后，能观察到稳定的冲突适应效应（Verbruggen，Notebaert，Liefooghe，& Vandierendonck，2006；唐丹丹，刘培朵，& 陈安涛，2012），说明其确实反映了认知系统的动态调整过程（Notebaert & Verguts，2006；唐丹丹 & 陈安涛，2012）。目前，大多数对于冲突适应效应的研究都采取排除刺激重复及刺激-反应重复的方式，以获取纯净的冲突适应效应。

本章主要从研究范式、理论解释、神经机制以及加工过程对冲突适应效应的现有研究进行综述，随后探讨动物的冲突适应效应。

1.1 冲突适应效应的研究范式

理论上能够引起冲突的任务都可以用来研究冲突适应效应，如 Stroop 任务、Flanker 任务及 Simon 任务等。

在 Stroop 任务中，给被试呈现有颜色的颜色词，被试必须尽快判断字体的印刷颜色。在不一致条件下，词的意义与印刷颜色不同；在一致条件下，词的意义与印刷颜色相同；在中性条件下，词本身与颜色无关，只是以不同的颜色印刷。通常被试在不一致条件下的反应更慢，错误率更高。相比读出词的印刷颜色，读词本身是个过度学习以至于可以自动化的技能；对印刷颜色的加工和对词意义的加工是通过不同的加工通道完成的，两种加工通道之间的竞争就会导致冲突出现（Botvinick et al.，2001）。

在 Flanker 任务中，给被试呈现一行刺激，其中中间刺激与旁边刺激可以一致或者不一致，被试的任务是根据中间刺激做出反应。如果旁边的干扰刺激与中间刺激指向的反应不同，就会出现冲突。

在 Simon 任务中，给被试呈现两种不同的刺激（如红色和绿色），刺激呈现的空间位置是变化的（如左、右），要求被试根据刺激做出两种不同的空间反应（如红色按左键、绿色按右键）。当刺激呈现的位置与被试的反应方向不一致时，就会出现冲突，被试的反应时间会变长，错误率会增加。通常认为，Stroop 任务和 Flanker 任务中包含刺激冲突与反应冲突，而 Simon 任务中只包含反应冲突。

需要说明的是，现在研究者为了获取纯净的冲突适应效应，排除重复启动以及负启动的影响，通常都采用较大的刺激-反应集，排除前后试次之间的刺激重复以及刺激-反应重复（Ullsperger et al., 2005）。比如在 Flanker 任务中，如果实验中只包含两个字母（如 S 和 N），那么一共包含 SSNSS，NNSNN，SSSSS，NNNNN 四种组合，此时前一个试次与当前试次必然会有重复，就会出现重复启动或者负启动现象。然而，刺激-反应集的增大会带来任务难度的增加。因此，根据我们的经验，一般采取包含四个字母的 Flanker 任务。

1.2 冲突适应效应的理论解释

目前对冲突适应效应的解释主要有四种理论：冲突监测理论（conflict monitoring theory）（Botvinick，Nystrom，Fissell，Carter，& Cohen，1999；Botvinick，Cohen，& Carter，2004）、特征整合理论（feature integration account）（Hommel，Proctor，& Vu，2004）、学习理论（learning account）（Verguts & Notebaert，2009）和厌恶情绪理论（disgust emotion theory）。

1.2.1 冲突监测理论

冲突监测理论认为，冲突适应效应是由冲突监测和冲突控制两个模块构成。当认知系统监测到冲突时，冲突监测模块将冲突信息传递给冲突控制模块，冲突控制模块根据冲突信息相应地调整注意资源，增强目标信息加工，抑制干扰信息加工，并将这种偏向信号（biasing signals）反馈给输入模块，从而减小即将到来的冲突试次的冲突强度（Botvinick，Braver，Barch，Carter，& Cohen，2001；Botvinick，2007）。冲突监测理论可以很好地解释冲突适应效应，并得到了很多神经科学的证据支持，尤其是神经影像学的研究（Botvinick et al.，2001，2004；Badre & Wagner，2004；Kerns et al.，2004；

Kerns，2006）。关于冲突适应效应的脑成像研究发现：冲突监测模块位于前扣带回（anterior cingulate cortex，ACC），冲突控制模块由背外侧前额叶（dorsolateral prefronal cortex，DLPFC）执行，存在着从前扣带回到背外侧前额叶的神经联系（Botvinick et al.，2004）。比如，研究发现在高冲突试次（CI）中 ACC 的激活更强（Botvinick，Nystrom，Fissell，Carter，& Cohen，1999；Botvinick et al.，2004）。而在冲突之后进行更多行为调整的试次（II）中，DLPFC 的激活更强（Botvinick et al.，2001；Kerns et al.，2004）。Kerns 等人（2004）的研究首次证实了二者之间的联结关系，他们采用色词 Stroop 任务，发现冲突诱发的 ACC 的激活强度能够预测 DLPFC 的激活强度以及行为调整的大小。

尽管冲突监测理论非常受欢迎，然而有一些数据说明，在冲突适应中 ACC 可能并不重要。研究发现，在某些情况下，冲突条件没有出现相应的 ACC 激活。比如有研究者（Zysset，Muller，Lohmann，& Von Cramon，2001）对色词 Stroop 任务做了一些小改动，从而分离知觉冲突和反应冲突，发现知觉冲突条件下没有出现 ACC 的激活。该研究中，给被试呈现两行字母串，要求被试判断上面一行字母的书写颜色与下面一行字母的颜色意义是否匹配，当被试对比上面的书写颜色和下面的颜色意义时会出现冲突。然而，这个冲突是在被试决策之前出现的，属于知觉水平的冲突。该任务中研究者依然发现了行为上的冲突效应，但是没有观察到 ACC 的激活，这说明 ACC 可能并不具备冲突监测的功能。此外，脑成像的研究发现，尽管在整个扫描过程中冲突的行为效应一直存在，但是 ACC 的激活却变小甚至消失（Milham et al.，2003；Erickson et al.，2004）。

另外，有针对患者的研究也对 ACC 的冲突监测功能提出质疑，一项针对 32 位前额受损患者的研究发现，跟 Stroop 错误率最相关的脑区不是 ACC 而是右侧的外侧前额叶（Vendrell et al.，1995）。研究发现 4 位 ACC 损伤的患者在 Stroop 任务和 go/nogo 任务中拥有正常的冲突后行为调整能力以及错误后行为调整能力（Fellows & Farah，2005）。另一项脑损伤研究发现，21 位 ACC 损伤的患者中有 15 名被试在 Stroop 任务的各个方面都表现正常，只有 1 名内侧额叶（medial frontal cortex，MFC）受损的患者表现出更大的 Stroop 干扰效应（Stuss，Floden，Alexander，Levine，& Katz，2001），还有 5 名被试在所有条件下反应都很慢，因此没有出现更大的干扰效应。

1.2.2　特征整合理论

特征整合理论认为，冲突适应效应是刺激-反应特征的整合过程导致的（Hommel，2004；Hommel, Proctor, & Vu,

2004），不需要冲突监测以及认知系统的灵活调整即可观察到冲突适应效应。具体来说，当被试很快对刺激做出反应时，刺激特征和反应特征就会整合到一个共同的情境记忆表征（episodic memory representation）中，该表征会被保存下来。因此，如果当前试次和先前试次的刺激特征完全重复时，那么刺激特征就会激活情境记忆表征，从而激活反应特征，这时反应速度更快，准确率更高，这种情况也叫重复启动效应（Hommel et al.，2004；Nieuwenhuis et al.，2006；Fischer，Plessow，Kunde，& Kiesel，2010）；而如果当前试次和先前试次的刺激特征完全不同，在先前试次中形成的情境记忆表征就不会影响当前试次，此时反应速度会变慢，准确率会降低；如果刺激特征在先前和当前试次中只是部分重复，相同的刺激特征激活的表征和当前的刺激-反应表征之间就会存在冲突，导致反应速度更慢，准确率更低（Hommel et al.，2004）。在一致性任务中，CC 和 II 试次属于刺激特征完全重复或者完全改变的情况，而 CI 和 IC 试次属于部分重复的情况。因此，CI 和 IC 试次的反应时更长、准确率更低，表现出冲突适应效应（Mayr，Awh，& Laurey，2003；Hommel et al.，2004；Nieuwenhuis et al.，2006；Fischer et al.，2010）。

特征整合理论认为冲突适应效应有自下而上特征重复或者特征整合的作用。这一假设得到了一些研究的支持，如只有在特征-反应重复的条件下能观察到稳定的冲突适应效应,而该效应在控制重复之后消失(Mayr et al.,2003;Nieuwenhuis et al.,2006;Fischer et al.,2010)。但是,特征整合理论忽略了认知控制中的主动调节过程,不仅把冲突适应效应看成自下而上特征整合的作用,也没有考虑情绪等非认知因素对冲突适应效应可能存在的影响。

1.2.3 学习理论

由于冲突监测理论和特征整合理论都不能解释冲突适应效应的所有实验结果,Verguts 和 Notebaert(2009)在整合了两种理论的基础上,提出了学习理论,又称为整合的适应理论。该理论认为,冲突适应效应是在线学习过程和大脑唤醒状态之间交互作用的结果。这里所说的在线学习又称赫布学习(Hebbian learning),是一种神经网络学习,指同一时间被激发的神经元之间的联系会被强化(Verguts & Notebaert,2008)。该理论认为,内侧额叶执行冲突监测功能,但它们并不是将冲突信息传递给背外侧前额叶来进行调整,而是将冲突信号传递给神经递质分泌系统,引起了神经递质的改变。具体来说,是将冲突信号传递给蓝斑(locus coeruleus),蓝斑就会释放波及全脑的去甲肾上腺素,从而提高全脑的唤醒水平,进而增强对不一致试次的赫布学习。因此，在不一致试次中，表征任务相关特征的脑区联结增强，从而表现出冲突适应效应。学习理论中的一个关键假设是，在冲突监测系统和工作记忆系统之间加入蓝斑，通过蓝斑来影响保持任务信息的工作记忆系统。另外，他们认为MFC并不只是监测反应冲突，还能通过反应冲突、错误、错误可能性、疼痛以及社会拒绝等来评估系统运作的好坏，从而使行为表现更好。MFC中的不同区域接收大脑特定区域的输入，因此可以评估不同的信号。比如，腹侧ACC接收眶额皮层的输入，而背侧ACC接收运动以及前运动皮层的输入。因此，反应冲突一般都激活背侧ACC，而非腹侧ACC。但是，不管是腹侧ACC还是背侧ACC，都有通往加强自主神经系统的脑干神经核团，所以刺激二者都会引起自主反应，比如警觉（Critchley，Tang，Glaser，Butterworth，& Dolan，2005）。

学习理论通过引入赫布学习，并将蓝斑引入冲突适应过程，整合了冲突监测理论和特征整合理论，能够解释目前大多数的实验结果。但是，在冲突适应效应相关的脑成像研究中，没有观察到蓝斑的激活（刘培朵，杨文静，田夏，& 陈安涛，2012）。Verguts和Notebaert（2009）认为，可能的原因是蓝斑体积太小，在标准的全脑矫正中很难存活。随后Braem，Verguts和Notebaert（2011）设计行为实验证实了这一理论。另外，由该理论可以推测，个体的警觉水平可能会影响冲突适应效应，这一点也得到了行为研究的支持（Liu，Yang，Chen，Huang，& Chen，2013）。但是目前支持蓝斑参与冲突适应过程的研究都是行为实验，脑成像研究中很难观察到蓝斑的激活，未来需要有针对性地扫描蓝斑来确定其在冲突适应中的角色。

1.2.4　厌恶情绪理论

厌恶情绪理论认为，诸多冲突适应效应的理论没有解释适应到底是如何触发的，持该观点的研究者认为是冲突的厌恶信号激发了冲突适应效应（Dreisbach，& Fischer，2015）。具体来说，冲突本质上是令人厌恶的；认知控制本质上是这种冲突引发的厌恶感激发个体下调厌恶属性的冲突信号的过程；冲突适应只是情绪调节的一个具体实例。

首先，有证据表明，冲突确实具有厌恶属性（Schouppe et al.，2015）。一项使用情感启动范式的研究发现（Fritz & Dreisbach，2013），当一致的 Stroop 颜色词作为启动刺激时，被试对正性图片和词语的情绪反应更快；而当不一致的 Stroop 颜色词作为启动刺激时，被试对负性图片和刺激的情绪反应更快。一般认为，在积极或消极目标之前出现的启动词的情感效价会相应地调节对这些目标的情绪反应（Fazio，Sanbonmatsu，Powell，& Kardes，1986）。因此，该实验结果说明一致的 Stroop 颜色词对被试来说具有正性情感效价,而不一致的 Stroop 颜色词对被试来说具有负性情感效价(Dreisbach & Fischer,2012)。另一项研究发现,冲突启动不仅加快了对消极目标的评价,还增加了对中性目标的消极判断数量。同时,有证据表明,当冲突的厌恶属性减小时,控制也受到影响。

其次,当冲突试次后跟随金钱奖励时,冲突适应效应消失了(相对于中性和损失条件)。这就说明,冲突本身是不足以诱发控制性调整的,冲突包含的情绪结果是非常重要的。同时,研究者还发现,在没有冲突的情况下,厌恶刺激能够触发序列调整(Dreisbach & Fischer,2011)。研究者通过调整书写数字的可读性来操纵加工流畅性,将加工流畅性的情感效价作为厌恶刺激特征(Winkielman,Schwarz,Fazendeiro,& Reber,2003)考察厌恶刺激是否能够引发序列调整,结果发现了流利效应的序列调整(即不流利刺激后的更小的流利效应)。

最后,冲突相关情绪是控制的一个必要的前导,但并非充分条件。比如,特质焦虑高的个体对于冲突有很高的情绪反应,他们会陷入这种情绪,而非利用这种情绪促进调整性的反应。有很多方式可以调整情绪状态,而只有一部分方法关注情绪来源,还有一部分是聚焦情绪本身的。通过调动认知控制来直接处理一个冲突负载任务对于减少负性情绪是一种有效的策略。但是,当人们缺乏处理冲突本身的能力时,或者冲突诱发的强烈情绪本身有太大威胁时，人们就可能会努力让自己感觉舒服一点。

1.3 冲突适应效应的神经机制

1.3.1 冲突监测理论框架下的神经机制

脑成像研究能够探测到跟任务相关的脑区激活情况，为冲突适应效应神经机制的研究提供高空间分辨率的证据。冲突监测理论认为，当冲突出现时，ACC负责监测冲突，并将冲突信号传递给DLPFC，随后DLPFC根据冲突信号调整认知资源，增强目标加工，抑制干扰加工，从而有效地解决冲突。因此，ACC的激活早于DLPFC，并且二者存在着共同激活的关系。很多脑成像的研究结果都支持冲突监测理论的观点。有研究采用单细胞记录结合磁共振成像技术发现，当前和先前的认知冲突影响ACC区神经元的放电，并且先前试次中背侧ACC的激活对当前试次的调整产生了冲突适应；说明背侧ACC的激活能反映大脑对冲突的监测，其激活强度能够预测进一步的行为反应（Sheth et al., 2012）。

对于特殊被试冲突适应效应的研究，也表明ACC和DLPFC

的共同作用导致了冲突适应效应。有研究发现，相比正常人，MA（甲基苯丙胺，Methamphetamine）滥用者在完成Stroop任务时没有表现出冲突适应效应；而在神经成像上，两组被试没有表现出ACC激活（I-C）上的差异，而MA滥用者几乎没有出现DLPFC的激活。这说明MA滥用导致冲突适应效应消失的原因是执行控制能力的受损，但是并不影响被试的冲突监测能力（Salo，Ursu，Buonocore，Leamon，& Carter，2009）。也有研究（Kopp & Rist，1999；Kerns et al.，2005）考查精神分裂症患者和正常人的冲突适应效应，发现精神分裂症患者没有表现出冲突适应效应，而在神经激活上，DLPFC的激活正常，ACC的激活明显减弱。这说明精神分裂症患者缺乏行为调整的原因在于冲突监测能力的缺失。综合两个研究的结果可以看出，ACC和DLPFC的共同作用导致了冲突适应效应，二者中任一受损都会导致冲突适应效应的消失。

虽然很多研究支持冲突监测理论关于ACC和DLPFC在冲突适应中的作用，但是近期的很多研究说明冲突适应效应背后的脑机制可能更为复杂。例如，研究发现在基于刺激冲突的冲突适应中，背侧前扣带回的尾部（caudal dorsal ACC）和部分的背外侧前运动皮层出现激活；而背侧前扣带回的喙部（rostral dorsal ACC）和DLPFC在基于反应冲突的冲突适应中激活，即刺激冲突和反应冲突对应的监测—控制脑网络出现分离，并且 DLPFC 只在反应冲突中激活（Kim, Chung, & Kim, 2010）。有研究结合事件相关电位（event-related potentials, ERPs）和偶极子溯源分析（dipole source modeling）发现，ACC 的激活晚于前额叶皮层（Markela-Lerenc et al., 2004）。最近，还有研究从冲突适应效应个体差异的角度进行研究，发现右腹 VLPFC 腹侧前额叶皮层（ventrolateral prefrontal cortex, VLPFC）的激活与冲突适应效应的大小相关。他们认为，传统组分析方法发现的 DLPFC 其实只在较差的任务表现后起作用，而 VLPFC 负责高冲突水平下认知控制资源的配置（Egner, 2011）。这些研究结果都说明冲突适应效应的神经机制远比冲突监测理论描述的更为复杂，需要从各种角度进行探究。

1.3.2 与冲突适应过程相关的脑区

ACC：ACC 总是与反应选择相联系。选择最恰当的行为总是需要先评估先前反应的结果，然而，在不可预测的、随时改变的自然环境中，对于奖励期待以及行为价值的评估都是不确定的。一项研究提出，ACC 可能在追随不确定性以及环境可变性从而影响行为决策方面发挥重要作用（Rushworth & Behrens, 2008）。实际上，在观察到新的结果时，环境的变异性以及相应的不确定性与人们 ACC 的激活相关（Behrens,

Woolrich, Walton, & Rushworth, 2007), 恒河猴大脑 ACC 的神经元在它们对于自己的行为价值最不确定时激活最强（M. Matsumoto, Matsumoto, Abe, & Tanaka, 2007）。ACC 神经元编码奖励预期，随着连续试次中奖励的接近，其活动强度也不断变化（Shidara & Richmond, 2002）。而 ACC 损伤的研究发现，该区域对于动物根据最近获得的奖励建立决策非常重要（Kennerley, Walton, Behrens, Buckley, & Rushworth, 2006）。因此，ACC 可能负责根据任务的上下文评估获得奖励的可能性。

DLPFC：DLPFC 表征当前感知到的冲突刺激或者规则以及冲突反应，将冲突信息作为独立的任务相关变量进行编码，在试次内以及试次间保持冲突信息，完成执行控制。实际上，对 DLPFC 的单细胞活动进行记录的结果发现，DLPFC 神经元的活动表征任务冲突水平，与任务其他方面完全独立（Mansouri, Buckley, & Tanaka, 2007），并且任务相关规则与刺激特征在 DLPFC 神经回路中保持和更新（Miller, 2000; Miller & Cohen, 2001; Mansouri, Matsumoto, & Tanaka, 2006）。通过保持任务上下文的丰富表征（如相关规则或者刺激-反应对应关系），DLPFC 可能支持自上而下的认知控制。然而，DLPFC 损伤的猴子依然表现出正常的冲突引发的相关行为效应，说明当前试次中冲突的行为效应可能独立于 DLPFC 中冲突的表征加工，其可能由其他脑区调节（Mansouri et al., 2007）。

后顶叶皮层（Posterior Parietal Cortex，PPC）：尽管很多冲突任务中都观察到了 PPC 的激活，但是其在冲突监测以及解决过程中的重要作用却没有得到足够的重视。有研究发现，DLPFC 和背侧 PPC 对刺激表征水平上的冲突敏感；ACC 而非背侧 PPC 或 DLPFC 对反应水平上的冲突敏感（Liston, Matalon, Hare, Davidson, & Casey, 2006）。作者总结：ACC 和 PPC 在信息加工的不同阶段协同工作来探测冲突，两个结构都将增加控制的需要传递给 DLPFC。一项针对右侧 PPC 损伤而导致左侧空间忽视的患者的研究发现，其在不一致条件下没有表现出常见的行为冲突效应，反而出现了促进向右转的反应（Coulthard, Nachev, & Husain, 2008）。作者据此得出结论，PPC 可能负责面对刺激引发的冲突时进行行为选择。这些研究都说明控制性加工可能在不同的脑区（包括 PPC）中同时进行。进一步证据来自另一项 Stroop 任务的研究，该研究发现，对刺激水平的冲突进行控制激活了上顶叶，而对反应水平冲突的控制主要由腹侧前运动皮层完成（Egner, 2007）。对猴子的研究也同样发现，PPC 可能包含在冲突加工过程中。在一项研究中，猴子在高冲突条件下反应更慢，错误率更高，说明它们的行为受到冲突的影响，同时 PPC 神经元的活动受到冲突的调节。然而，该区域神经元的激活并没有将冲突作为单独的变量进行表征，它们只是调节神经活动的方向选择的出现(Stoet & Snyder,2007)。总之,PPC可能包含于冲突加工过程中,但是其具体的角色还有待进一步的研究。

1.4 冲突适应效应的加工过程

冲突监测理论将冲突适应效应分为冲突监测和冲突控制两个模块。然而,要对正在进行的行为进行调节,需要记忆系统将感知到的冲突保持下来,才能在下一次利用该冲突信息对控制水平进行调节。因此,有研究者提出应该将对冲突的短时记忆过程加入冲突监测理论框架中,以便更好地解释冲突适应过程(Mansouri et al.,2009)。在日常生活中,两次冲突解决策略的间隔时间有长有短,这个记忆系统可以弥补两次策略之间的时间间隔,在解决当前问题时能够利用先前的冲突经验来调整控制水平。

冲突监测过程:冲突监测系统最主要的任务是将冲突信息作为一个独立的变量进行提取和编码,为了调节下一个试次的冲突水平,冲突信息必须在记忆中保持一段时间。尽管成像研究发现被试在面对冲突时,一系列不同的脑区得到激活,然而冲突监测的机制仍然不清楚。只有一项人类被试的研究发现了ACC神经元的激活受到冲突信息的调节。在该研究中,细胞样本选择范围比较狭窄，被试有严重的强迫症（obsessive-compulsive disorder，OCD），该疾病可能和不正常的 ACC 功能有关（K. D. Davis et al.，2005）。而在猴子的大脑中没有发现与冲突相关的 ACC 激活（Ito, Stuphorn, Brown, & Schall，2003；Nakamura，Roesch, & Olson，2005）。辅助眼区（supplementary eye field，SEF）和 PPC 中的神经元显示出冲突相关的激活，然而其中夹杂了其他任务相关的激活调节，并不是纯粹的冲突监测信号（Nakamura，Roesch & Olson，2005；Stoet & Snyder，2007）。到目前为止，只有一项关于猴子的研究发现了纯粹的冲突监测信号的激活，其激活区域在 DLPFC（Mansouri et al.，2007）。

对冲突的短时记忆：根据理论，对正在进行的行为进行调节，需要记忆系统将经历过的冲突保持下来。现在还不清楚冲突信息是如何保持下来以便在下一个试次时调节其控制水平。因此，我们认为需要一个单独的模块——负责将监测到的冲突保存在短时记忆中。之前很多研究都发现冲突任务中有 DLPFC 的激活，导致大家认为 DLPFC 负责控制调整过程。然而，也可能这些观察到的 DLPFC 的激活执行的是冲突过程中的记忆角色。实际上，有一项关于猴子的研究（Mansouri et al.，2007）发现，先前试次中检验到的冲突的编码和保持是在 DLPFC 中完成的，并且 DLPFC 的损伤会影响冲突后行为调整的能力。然而，还需要更多的研究来考查记忆过程的神经结构及神经基础。

执行控制过程：冲突监测理论认为，冲突信息激发了执行控制系统，进行不对称的偏向目标相关信息的加工。这个可以通过增强任务相关路径的加工或者抑制任务无关路径的加工来实现。这与选择性注意里的偏向-竞争模型是一致的（Desimone & Duncan，1995），通过自上而下的偏向信号来对两个感觉表征进行选择和抑制。DLPFC、顶叶以及脑岛可能在这种自上而下的控制中起作用（Miller，2000；Egner & Hirsch，2005a，2005b；Egner，Delano，& Hirsch，2007）。在一项 Stroop 任务的研究中（Egner et al.，2007），研究者要求被试读出字的颜色或者读字的意义，DLPFC 在被试辨认颜色时（高冲突条件）出现激活，并且其激活水平与随后的行为表现相关。研究者推测 DLPFC 通过表征和保持任务要求来实施控制。Kerns 等人（2004）也发现，在高认知控制条件下，DLPFC 的激活增加。Egner 等人的一系列研究使用 Stroop 任务和 Simon 任务，都发现相比低控制条件，在高控制条件下，左侧额中回和额上回以及顶叶和前运动皮层的激活增加（Egner & Hirsch，2005a；Egner et al.，2007）。他们进一步通过面孔 Stroop 任务考查任务相关信息加工以及控制加工脑区之间的协同关系，发现在面孔为目标时的高控制条件下，右侧 DLPFC 和面孔信息加工的脑区活动都增强；而当面孔为干扰物时，面孔信息加工脑区的信号没有削弱。由此，研究者得出结论：认知控制是通过增强目标相关信息加工而非抑制任务无关干扰信息来实现的（Egner & Hirsch，2005a）。这些研究都说明 DLPFC 可能在执行控制过程中扮演重要角色。

1.5 动物的冲突适应过程

最近有研究发现，动物也表现出与人类类似的冲突后调整行为，如针对恒河猴进行的类似 Stroop 任务（Lauwereyns et al.，2000），威斯康星卡片分类任务（Wisconsin Card-Sorting Test，WCST）（Mansouri et al.，2007）以及其他的范式（Stoet & Snyder，2003，2007；Nakamura et al.，2005）。关于动物的研究为我们提供了从细胞层面研究冲突后行为调整的机会。而在猴子身上所做的单细胞记录研究到目前为止没有发现跟冲突相关的 ACC 的反应（Mansouri et al.，2009）。一项针对猴子的反撤销命令任务（saccade countermanding task）发现猴子表现出行为上的冲突效应，但是没有发现 ACC 神经元的激活（Ito et al.，2003）。

在另一项研究中，让猴子根据颜色线索进行左右眼动，同时运用单细胞记录 ACC 和 SEF 的神经元活动。在高冲突条件下，线索位置和要求的眼跳位置相反；而在低冲突条件下，线索位置和眼跳位置一致。尽管行为上出现了冲突效应，即更高的错误率和更长的反应时，然而没有观察到冲突相关的ACC神经元激活的增加，而SEF背侧的神经元在高冲突条件下激活更强（Nakamura et al.，2005）。在另一项有关猴子的任务转换范式的研究中，猴子行为上表现出冲突效应，冲突条件下反应时较一致条件下更长；同时，对PPC神经元的记录也显示出冲突相关的激活增加（Stoet & Snyder，2007）。Mansouri，Tanaka和Buckley（2007）的一项研究中，让猴子进行类似的WCST任务，在高冲突或者低冲突条件下进行选择分类，猴子表现出与人类类似的行为反应：高冲突条件（H）下的反应时比低冲突条件（L）下的反应时更长，说明它们感受到了冲突；同时，HH条件下的反应时短于LH条件下的反应时，说明前一个试次的冲突经验促进了当前试次冲突的解决。神经元记录发现，DLPFC的一组神经元表征当前试次的冲突水平，并且其与后续反应的方向或者反应规则，以及刺激的辨认都无关（Mansouri et al.，2007）。研究者进一步推测，当前经验到的冲突作为独特的整体由DLPFC的神经元进行编码。DLPFC的另一组神经元的激活受先前试次的冲突水平调节，这种调节出现在下一个试次出现之前的试次间隔，说明先前试次的冲突水平是另一种类型的任务相关信息，能够被另一组DLPFC的神经元编码和保持。

　　针对动物大脑损伤的研究为我们提供了直接考查各个脑

区在冲突适应中的作用的机会。为了确定在冲突后行为调整中 ACC 和 DLPFC 的重要作用，研究者比较了这些区域的损伤猴子和健康猴子，发现 ACC 和 DLPFC 的损伤不影响对当前试次的冲突反应，即损伤猴子与健康猴子一样，在冲突条件下的反应时更长；然而，冲突后行为调整的能力受到 DLPFC 损伤的影响，不受 ACC 损伤的影响（Mansouri，Buckley，& Tanaka，2007）。这就说明是 DLPFC 并非 ACC 在猴子的冲突后行为调整中起重要作用。为了研究啮齿动物在解决冲突时 ACC 的重要作用，Haddon 和同事让老鼠完成双条件分辨任务（biconditional discrimination task）。他们首先训练老鼠在一种情境下对两种视觉线索进行不同的反应，而在另一种情境下对两种听觉线索进行不同的反应（Haddon & Killcross，2006）。随后，他们将老鼠放置在混合情境下，视觉线索和听觉线索同时呈现，二者有可能指向同一种反应（一致条件），也可能指向不同的反应（不一致条件）。结果发现，那些在 ACC、前边缘皮层以及下边缘系统有损伤的老鼠在不一致条件下无法解决冲突，而只在 ACC 有损伤的老鼠花费更长时间就能够解决冲突（Haddon & Killcross，2006）。随后的研究确定前边缘区域在基于上下文的冲突解决中有重要作用。

第 2 章

冲突适应效应的个体差异

2.1 冲突适应效应的个体差异概述

冲突适应效应存在着很大的个体差异：虽然在不同的一致性任务中观察到稳定的冲突适应效应，但是该效应存在着很大的个体差异。从每个具体的研究来看，基本上每个实验中都有一些被试出现冲突适应效应的反转，即一致条件下的干扰效应小于不一致条件下的干扰效应。这时，根据公式计算出来的冲突适应效应量就是负值。因此，对冲突适应效应个体差异的研究非常重要，然而，目前只有两篇研究关注冲突适应效应过程中的个体差异。一篇采用行为的方法，研究者结合注意网络测验（attentional network test，ANT）与字母 Flanker 任务考查被试的注意网络系统功能与冲突适应效应的关系。结果发现，在排除特征整合的影响后，高警觉个体表现出冲突适应效应，而低警觉个体的冲突适应效应消失；进一步的相关分析发现个体的警觉功能与冲突适应效应呈现显著正相关，间接支持了学习理论关于冲突适应效应的观点（P. Liu, Yang, Chen, Huang, & Chen, 2013）。另一篇是关于脑成像的研究，研究者对自己已发表的文章进行个体差异的分析，结果发现，VLPFC与冲突适应效应的个体差异密切相关，而在传统的组分析方法中没有发现该脑区的激活（Egner，2011）；研究者进一步的分析认为，传统组分析方法发现的DLPFC其实只在较差的任务表现后起作用，而VLPFC负责高冲突水平下认知控制资源的配置。

研究个体差异的重要性：研究冲突适应效应的个体差异对于我们的日常生活非常重要。研究发现，认知控制是自我控制能力的基础（Filevich，Kuhn，& Haggard，2012；Wolff et al.，2015）。认知控制方面的个体差异能够预测个体生活中的自我控制能力，如认知控制方面的个体差异能够预测个体在节食阶段对糖果的摄入量，认知控制能力强的个体更能够坚持体育锻炼和节食计划（Hall，Fals-Stewart，& Fincham，2008）。另外，认知控制能力也与社会行为的管理有关。有研究发现，认知控制能力强的个体在内隐联想测验中表现出更少的种族偏见（Stewart，Von Hippel，& Radvansky，2009；Klauer，Schmitz，Teige-Mocigemba，& Voss，2010）；在遭遇合作伙伴的违规行为时，认知控制能力强的个体更能够抑制报复性行为的发生（Pronk，Karremans，Overbeek，Vermulst，& Wigboldus，2010）；认知控制能力强的个体对伴侣的忠诚度更高（Pronk，Karremans，& Wigboldus，2011）。可见，认知控制能力的个体差异反映了个体自我管理以及自我控制能力的差异，对于个体的日常生活有着广泛的影响。冲突适应效应代表了认知控制中的动态调整过程（Verguts & Notebaert，2009），其个体差异可能反映了个体在生活中进行适应性调整的能力。因此，冲突适应效应个体差异的研究对于理解个体自我控制及自我调节能力具有重要作用，同时有助于我们对个体生活中自我控制及自我调节能力的预测。

冲突适应效应个体差异的研究有助于理解精神分裂症患者的认知功能缺陷：冲突适应效应的个体差异也用来考查精神病患者的认知及神经功能紊乱（Kerns et al.，2005；Melcher，Falkai，& Gruber，2008），其与精神分裂症特质有密切关系。研究发现，精神分裂症患者表现出减小甚至消失的冲突后行为调整以及错误后行为调整（Carter，MacDonald，Ross，& Stenger，2001；Alain，McNeely，He，Christensen，& West，2002；Kerns et al.，2005）。fMRI 的研究发现，精神分裂症患者表现出 ACC 和 DLPFC 的功能紊乱（Weiss et al.，2003；Heckers et al.，2004；Henik & Salo，2004），印证了其冲突适应效应减小甚至消失的行为结果。而脑结构的研究发现，精神分裂症患者在 ACC 和 DLPFC 脑区表现出减小的灰质体积和神经连接密度（Albanese et al.，1995；Karlsgodt，Sun，& Cannon，2010）。Voelter 等人（2012）的研究发现冲突适应效应与精神分裂症特质之间存在显著负相关。因此，研究冲突适应效应的个体差异对于理解精神分裂症患者的认知功能缺陷、寻找病人认知功能紊乱的准确生物学靶点具有重要意义。

2.2 个体差异的研究方法

静息态功能磁共振方法：功能性磁共振成像技术最初是用来研究个体在执行某一项具体任务（如识别单词、记忆图片等）时，大脑中各个脑区的活动情况。1995年，Biswal教授及其同事发现，静息态功能磁共振也具有生理意义，引起研究者的广泛关注。静息态功能磁共振研究个体在不做任何任务的情况下大脑的活动状态，其不受实验任务限制，非常适合个体差异的研究（Biswal，2012）。对静息态脑活动的研究包括两个方面：一方面是自发脑活动的局部属性（Zang，Jiang，Lu，He，& Tian，2004），如低频振荡（amplitude of low frequency fluctuations，ALFF）、局部一致性（regional homogeneity，ReHo）等；另一方面是远距离脑区间的功能连接（functional connectivity，FC）（Hampson，Driesen，Skudlarski，Gore，& Constable，2006）。对局部属性的研究有助于我们了解对认知任务重要的脑区，也便于与任务态中脑激活的结果进行对比。而一般的认知任务都不是由单个脑区完成的，而是多个脑区协同作用的结果。因此，在确定了重要脑区之后，有必要进行功能连接的分析，考查脑区间的协同关系（De Luca，Beckmann，De Stefano，Matthews，& Smith，2006）。目前已有很多研究将自发脑活动的局部属性与认知任务的行为表现联系起来，如以 ReHo 值预测个体在停止信号任务上的行为表现（Tian，Ren，& Zang，2012）；以 ALFF 预测个体的词汇阅读能力（Xu et al.，2015）。而静息态下脑区间的功能连接强度也能够预测个体执行认知任务（如工作记忆任务、Flanker 任务）的行为表现（Hampson et al.，2006；Seeley et al.，2007；Kelly，Uddin，Biswal，Castellanos，& Milham，2008）。因此，从静息态角度研究冲突适应效应个体差异的神经机制，能帮助我们更好地了解个体动态调整过程的内在机制。

个体差异的脑结构研究：随着认知神经科学的不断发展，对人类大脑结构以及其个体差异的研究开始出现。人类行为的基础是大脑结构、行为或者认知上的差异，归根结底是大脑结构的差异造成的（Kanai & Rees，2011）。研究个体差异的脑结构基础，有助于我们更深刻地理解某种行为或者某种特质。人类的神经系统中包括灰质和白质，灰质是神经元的细胞体，而白质是神经元的各种突触。因此，灰质是神经中枢，起支配作用；而白质则负责传递细胞体的神经冲动。灰质或者白质的差异都可能影响行为上的个体差异。对于灰质的研究主要采用基于体素的形态学（voxel-based morphometry，VBM）分析方法，该方法是一种在体素水平上对磁共振数据进行分析的技术，能定量计算局部灰质、白质的体积和密度，从而能够精确显示大脑结构形态上的个体差异。近年来，该方法被广泛用于认知、人格、行为及社会性等方面个体差异的神经基础研究（Kanai & Rees，2011）。研究发现，空间数字反应编码联合效应的个体差异与右侧楔前叶（precuneus）的灰质体积呈显著相关（Krause，Lindemann，Toni，& Bekkering，2014）；外向性和眶额叶以及杏仁核的灰质体积存在显著关系（Cremers et al.，2011）。白质微观结构的改变或者差异可以通过弥散张量成像（diffusion tensor imaging，DTI）技术探测到（Bava et al.，2010）。应用该方法的研究发现，个体的认知、个性及行为都与白质相关参数的改变有关。比如左右脑之间传导速度的个体差异与胼胝体（corpus callosum）的白质完整性呈显著相关（Westerhausen et al.，2006）；选择反应时的个体差异与视放射纤维束的各向异性分数呈显著相关（Tuch et al.，2005）。还有研究考查冒险性与白质的关系（Cohen，Schoene-Bake，Elger，& Weber，2009），发现冒险主义者大脑中腹侧纹状体与海马体的联系更紧密，而保守主义者的大脑中腹侧纹状体与额叶的联系更紧密。最近一项结合 VBM 和 DTI 的研究发现，类比推理能力上的个体差异与左侧额叶和颞极的灰质体积相关，并且与两个脑区之间的弓形神经纤维束密切相关（Aichelburg et al.，2016）。因此，考查认知功能的大脑结构基础可以通过VBM和DTI进行研究。

总之，冲突适应效应存在着很大的个体差异，而传统的研究平均趋势的方法可能会掩盖一些有用的信息。同时，冲突适应效应的个体差异可能反映了个体自我管理能力及自我控制能力的差异也与精神分裂症特质有密切关系。因此，研究冲突适应效应的个体差异对于理解正常人自我管理能力的差异、理解精神分裂症患者的认知功能缺陷、寻找患者认知功能紊乱的准确生物学靶点具有重要意义。然而，目前只有两篇研究分别从行为和脑成像的角度对于冲突适应效应的个体差异进行了探讨，发现了一些有用的结果（Egner，2011；P. Liu et al.，2013），这些结果说明从个体差异的角度对冲突适应效应进行探讨确实能得到一些新的发现。目前对个体差异的关注还不够，很多新的方法和技术都还没有使用。因此，本研究试图采用脑成像技术，结合静息态、任务态以及脑结构对冲突适应效应个体差异的神经机制进行探讨。同时，为了使研究更具生态学效度，本研究采用与冲突适应效应个体差异相关的脑区激活来预测个体生活中的自我控制能力。这样做，一方面可以确定冲突适应效应在自我控制能力中的角色，另一方面也可以间接考查相关脑区在冲突适应中的作用。

第 3 章

冲突适应效应个体差异的静息态脑机制研究

第三章从静息态角度，结合自发神经活动的局部属性和功能连接方法考查冲突适应效应个体差异的脑区及神经网络基础，包括两个实验。实验1选取了两个独立样本，采取局部一致性（regional homogeneity，ReHo）指标考查冲突适应效应个体差异的神经机制。结果发现，DLPFC 的 ReHo 值能够用来预测个体的冲突适应效应。实验2在实验1的基础上，选取跟冲突适应效应显著相关的两个脑区——DLPFC 和 VLPFC 作为感兴趣区，进行基于感兴趣区（region of interest，ROI）的功能连接分析，试图寻找冲突适应效应个体差异的神经网络基础。结果发现，凸显网络和 DLPFC 的连接强度与冲突适应效应呈显著负相关，中央执行网络和 DLPFC 的连接强度与冲突适应效应呈显著正相关。因此我们推测，当面对冲突时，低冲突适应效应的个体可能需要凸显网络（salience network，SN）来探测刺激，进而通过 DLPFC 来执行控制；而高冲突适应效应的个体能够在任务中一直保持高的控制水平，更多依赖中央执行网络来解决冲突。

3.1 实验1 大脑自发神经活动预测个体的冲突适应效应

3.1.1 前言

冲突适应效应存在着很大的个体差异，这些差异被用来研究精神病患者特定的认知与神经失调（Kerns et al., 2005; Melcher et al., 2008）。比如，研究发现冲突适应效应与个体的精神分裂特质之间呈负相关（Volter et al., 2012）。对于正常个体冲突适应效应个体差异的研究有助于理解认知及神经失调，特别是对于研究精神分裂特质的神经标记。然而，目前只有一项研究从脑成像的角度考查了冲突适应效应的个体差异，发现VLPFC在其中起着重要作用（Egner, 2011）。目前还没有研究从静息态的角度来探讨冲突适应效应个体差异的内在神经机制。

自从Biswal等人（1995）开创性的研究以来，静息态功能磁共振得到普遍关注。它不受任务限制，是一种研究大脑内在自发活动的有利工具（Fox & Raichle, 2007; Raichle, 2010; Biswal, 2012）。刚开始利用静息态功能磁共振的研究主要集中在静息态功能连接方面。研究发现，脑区间的静息态功能连接强度能够预测个体认知任务（如工作记忆任务、Flanker 任务）的行为表现（Hampson et al., 2006; Seeley et al., 2007; Kelly et al., 2008）。然而，静息态功能连接只能提供空间上分离的脑区之间的同步性情况，而基于任务的功能性磁共振研究往往得到的是某个任务对应的局部脑区激活情况。如果能够直接对比自发脑活动的局部属性与已有的任务态磁共振的结果，我们也许能够获取更多有用的信息。ReHo 方法可以用来研究自发脑活动的局部属性，其测量的是某个给定的体素与其临近的团块在活动时间序列上的一致性（Zang et al., 2004）。这是一种数据驱动的方法，不需要事先定义感兴趣区域，因此，能够用来研究没有预期的、短暂的任务相关成分（Zang et al., 2004）。已有研究证明 ReHo 能够用来考查个体行为差异的神经基础（Wang et al., 2011; Tian et al., 2012），如 Tian 等人（2012）的研究发现静息态磁共振信号的 ReHo 值能够预测个体在停止信号任务上的行为表现。这说明自发脑活动的局部属性可以用来预测个体认知任务的行为表现。另外，有研究指出，ReHo 指标具有很好的重测信度，适合用来考查认知任务个体差异的神经机制（Zuo et al., 2013）。

实验 1 试图通过静息态磁共振信号的 ReHo 指标来研究冲突适应效应个体差异的神经基础。采用 2（先前试次一致性）× 2（当前试次一致性）被试内设计的 Flanker 任务来测量冲突适应效应，其计算公式为 [（CI－CC）－（II－IC）]，即先前试次一致性和当前试次一致性之间的交互效应（Egner，2011）。研究者已经证明ReHo指标能够反映认知及行为上的个体差异（Jiang et al.，2015）。而Zang等人（2004）的研究发现，当某个大脑区域正在执行某种认知任务时，其内在团块的时间序列的同步性更高。同时研究发现（Smith et al.，2009），任务态脑网络的激活与静息态脑活动具有一定的镜像关系。因此，我们推测任务态中冲突适应相关脑区（如ACC、DLPFC）可能在冲突适应效应更大的个体中表现出更高的时间序列的一致性。换句话说，这些区域的ReHo值与冲突适应效应具有相关性。

另外，为了检验研究结果的可靠性，我们选用另一组被试做了进一步的检验。具体来说，我们通过两个独立的样本收集行为及磁共振数据。对于样本1，我们进行大脑-行为相关分析来确定与冲突适应效应个体差异具有显著相关性的脑区。然后，我们根据样本1的结果定义感兴趣区，从样本2的数据中抽取感兴趣区的ReHo值，进行多重线性回归分析来检验其对于行为数据的预测能力。

3.1.2 材料和方法

1. 被试

样本 1 有 39 名被试，全部为西南大学学生，其中女性 17 名，男性 22 名，年龄在 20～24 岁，平均年龄 21.1 岁。还有 2 名被试参加了实验，但是由于磁共振成像数据头动过大（平移大于 2mm 或者转动大于 2°）而被剔除。

样本 2 有 28 名被试，全部为西南大学学生，其中女性 13 名，男性 15 名，年龄在 18～23 岁，平均年龄 20.7 岁。样本 2 中也有 2 名被试由于头动过大而被剔除。

所有被试为右利手，视力或者矫正视力正常，没有过往神经或者精神病史。实验前向被试解释实验并确保其理解，签署知情同意书之后进行实验。

2. 实验过程

被试首先在磁共振实验室进行磁共振扫描，随后在行为实验室完成字母 Flanker 任务。为了获得纯净的冲突适应效应，排除特征整合、重复启动效应的影响，我们应用四个字母的 Flanker 任务，四个字母分别是 S，H，N，P。在实验中给被试呈现一行五个字母（如 SSNSS），其中中间字母为目标字母，目标字母和旁边字母的关系有两种：不一致（I，如 SSNSS）和一致（C，如 SSSSS）。可以构成四种前后关系类型：前后都一致（CC）、前面一致而后面不一致（CI）、前面不一致而后面一致（IC）、前后都不一致（II）。被试的任务是忽略旁边字母，识别中间字母并做相应的按键反应（S，H，N，P 分别对应于左手中指、左手食指、右手食指、右手中指）。为了平衡按键左右手的不一致，在一半的被试中，上述按键顺序倒转，即 P，N，H，S 分别对应于左手中指、左手食指、右手食指、右手中指。

总任务包括三个组块，每个组块包括 97 个试次，四种试次（CC，CI，IC，II）以伪随机方式呈现，并且在每个组块中呈现次数相等。单个试次的呈现顺序如图 1 所示，首先是 300 ms 的注视点，随后是 300～500 ms 的随机空屏，紧接着在屏幕的中央呈现字母刺激，持续 200 ms，随后是 1500 ms 的反应屏，要求被试在看到字母刺激后尽量又快又准地进行相应的按键反应，最后呈现 1000 ms 的空屏作为试次之间的间隔。

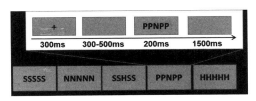

图 1 Flanker 任务中的冲突适应效应流程图。上面代表一个试次的时间序列，下面代表 5 个连续的试次（不包括注视点和空屏）。

(1) 行为数据分析

首先,计算每种条件(CC,CI,IC,II)下的平均反应时和平均正确率,在反应时的计算中剔除每个组块的第一个试次、错误试次、错误后试次以及极端值(每种条件下两个标准差以外的数值)。随后,计算每个被试的平均反应时和干扰效应(I-C),以及冲突适应效应[(CI－CC)-(II－IC)] (Egner,2011)。

(2) 磁共振数据采集

脑成像数据通过 3.0 T 西门子磁共振成像系统(Siemens Magnetom Trio TimSystem,Erlangen,Germany)采集。对于每一个被试,进行 8 分钟 10 秒的静息态扫描。在扫描过程中,要求被试闭上眼睛、不要睡着,放松并保持不动。扫描时为了减少头动的影响,用泡沫将被试的头部固定,并在标准的头线圈内完成扫描。全脑功能像使用平面回波成像(echo-planar imaging,EPI)序列获得,扫描参数如下:TR = 2000 ms, TE = 30 ms,反转角(flip angle) = 90°,扫描视野(FOV) = 192 mm×192 mm,扫描矩阵(matrix size) = 64×64,轴位32层,层厚 = 3.0 mm,分辨率 = 3×3 mm^2,层间距为 0.99 mm。为了进行空间标准化和定位,我们还收集了高分辨率的 T1 加权结构像,采用的是 3D 磁化准备快速梯度回波(magnetization prepared rapid gradient-echo,MP-RAGE)序列,共扫描176层,层厚 1 mm,分辨率 = 0.98×0.98 mm^2(TR = 1900 ms,TE = 2.52 ms,

反转角 = 9°，FOV = 256×256 mm²）。

（3）磁共振数据预处理

我们采用 SPM8 软件（http://www.fil.ion.ucl.ac.uk/spm/software/spm8/）对静息态功能图像进行预处理。首先，为了排除磁场信号不稳定的影响，去除前 5 个时间点的数据，用剩余 240 个时间点进行后续分析。其次，进行时间层矫正，将各层扫描时间点与第一层对齐；再进行头动矫正，并计算每个被试的头动参数（平移大于 2 mm 或者转动大于 2°的被试被剔除）。再次，将被试的结构像配准到经过头动矫正的 EPI 图像上，并将其分割为不同的组织（灰质、白质和脑脊液），分割时采用东亚大脑结构模板，这一步会生成空间标准化参数；随后采用上一步生成的标准化参数对 EPI 图像进行空间标准化，将其标准化到 MNI 标准空间，采用 $3\times3\times3$ mm³ 的体素大小；接着进行去线性漂移和滤波（0.01～0.08Hz）。最后，进行多重线性回归分析，去除 6 个头动参数、白质以及脑脊液的信号。有研究发现，去除全脑信号会降低 ReHo 值的重测信度（Zuo et al.，2013），因此这里不去除全脑信号。

（4）ReHo 分析

利用 REST 和 DPARSF 软件（Zang et al.，2004；Yan & Zang，2010，http://www.restfmri.net/forum/）进行 ReHo 值分析。首先，在体素水平上计算一个体素和它周围最近的 26 个体素之间的肯德

尔和谐系数（Kendall's Coefficient of Concordance，KCC），代表该体素的 ReHo 值（Zang et al.，2004）。其次，为了减少 KCC 值的个体差异的影响，对 ReHo 值进行标准化，即用某个体素的 KCC 值除以全脑平均 KCC 值进行标准化。最后，对标准化了的 ReHo 图像进行平滑，平滑核（Full Width Half Maximum，FWHM）为 6 mm。

（5）大脑-行为相关分析

首先对平滑后的 ReHo 图像进行单样本 t 检验，寻找显著大于 0 的区域（采用 Bonferroni 矫正，$p < 0.01$，$t > 6.43$）。针对这些显著大于 0 的脑区（将卡过阈值之后显著的脑区作为 mask），进行冲突适应效应量与 ReHo 图像的偏相关分析，将反应时、标准差以及 Flanker 干扰效应作为干扰项回归掉。该分析针对样本 1 的数据（39 个被试），样本 2 用来进行有效性检验（见下文）。多重比较矫正采用蒙特卡罗模拟，Alphasim 矫正，参数如下：个体水平 p 值为 0.001，10000 次模拟，双边，采用 6 mm 的 FWHM，组块连接半径（cluster connection radius）为 5 mm（桥接方式）。根据模拟结果，达到 0.01 的显著性水平需要团块大于 15 个体素，并且个体水平的 p 值为 0.001。采用 MRIcro 软件（http://www.cabiatl.com/mricro/）提供的模板呈现结果，所有显著性结果均采用 MNI 坐标。

(6) 有效性检验程序

为了检验结果的可靠性，我们重新收集了 28 名被试的行为及磁共振数据。根据样本 1 的相关结果，在样本 2 的被试数据上定义 ROI，进行多重线性回归分析：因变量为被试的冲突适应效应分数，自变量为定义的感兴趣区的平均 ReHo 值，其中反应时、标准差以及 Flanker 干扰效应作为干扰变量进行控制。

3.1.3 结果

1. 行为结果

表 1 和表 2 呈现所有条件下的平均反应时和正确率数据。对正确率进行的重复测量方差分析没有显著的主效应或者交互效应结果。对反应时进行的重复测量方差分析显示，样本 1 中，当前试次主效应显著 [$F(1, 38) = 161.04$，$p < 0.001$]，先前试次主效应不显著，二者交互作用显著 [$F(1, 38) = 14.40$，$p < 0.01$]；样本 2 同样表现出显著的当前试次主效应 [$F(1, 27) = 43.58$，$p < 0.001$] 以及交互效应 [$F(1, 27) = 4.81$，$p < 0.05$]。这说明两个样本都存在显著的冲突适应效应（图 2a 和图 2c）。然而，从个体数据来看，冲突适应效应存在着很大的个体差异（图 2b 和图 2d）。

表 1 样本 1 每种条件下的平均反应时（ms）和正确率

数据＼条件	CC	CI	IC	II
Mean RT (SD)	407.67 (58.07)	458.63 (59.57)	414.74 (59.44)	447.46 (62.85)
Accuracy (SD)	0.92 (0.05)	0.92 (0.05)	0.93 (0.06)	0.92 (0.05)

表 2 样本 2 每种条件下的平均反应时（ms）和正确率

数据＼条件	CC	CI	IC	II
Mean RT (SD)	454.42 (99.47)	498.20 (109.94)	457.66 (96.29)	483.29 (103.46)
Accuracy (SD)	0.94 (0.05)	0.94 (0.06)	0.96 (0.04)	0.94 (0.04)

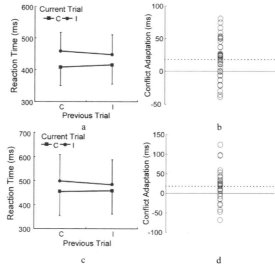

图 2 两个样本中的行为冲突适应效应示意图。图 2a 和图 2c 分别代表样本 1 和样本 2 的冲突适应效应（C 代表一致条件，I 代表不一致条件）。

图 2b 和图 2d 分别代表样本 1 和样本 2 中冲突适应效应的个体差异。每个圆圈代表一个被试的冲突适应分数,虚线表示冲突适应效应的平均值。

2. 大脑-行为相关结果

全脑水平上的相关分析结果显示：ReHo 值和冲突适应分数存在显著正相关的脑区为左侧 DLPFC 和左侧 VLPFC（图 3 和表 3），采用 Alphasim 矫正，$p < 0.01$。为了评估 DLPFC 和 VLPFC 两个脑区的 ReHo 值在预测冲突适应效应时的联合贡献，我们以二者为自变量，以冲突适应效应为因变量，同时控制反应时、标准差和干扰效应，进行多重线性回归分析。结果（图 4）发现当将二者一起纳入回归方程时，能够解释行为变异的 48.6% [$R^2 = 0.486$，$F(2, 36) = 16.99$，$p < 0.001$]。而如果应用逐步回归分析的方法（进入标准 $p < 0.05$，排除标准 $p > 0.1$），结果 VLPFC 达不到显著水平，被剔除；DLPFC 进入回归方程，能够解释行为变异的 42% [$R^2 = 0.42$，$F(1, 37) = 26.83$，$p < 0.001$]。

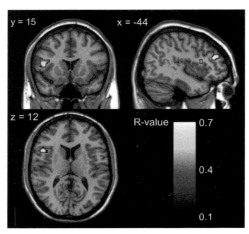

图3 与冲突适应效应有显著相关的脑区,矫正后 p < 0.05。

表3 与冲突适应效应有显著相关的脑区

Region	BA	No. of voxels	MNI coordinate (peak)			r (peak)
			x	y	z	
DLPFC/MFG_L	46	17	-42	36	21	0.67
VLPFC/IFG_L	44	27	-48	15	6	0.60

注:阈值为 p < 0.01,采用 Alphasim 矫正。DLPFC 为背侧前额叶,MFG 为额中回,L 代表左脑,VLPFC 为腹侧前额叶,IFG 为额上回。

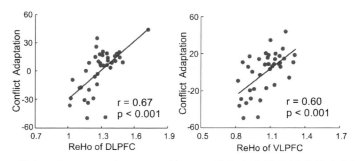

图4 样本1中 DLPFC 和 VLPFC 的 ReHo 值与行为冲突适应效应之间的相关结果

3. 信度检验结果

为了检验上述结果的可靠性,我们针对样本 2 的 28 名被试进行了多重线性回归分析(图 5)。根据样本 1 中得到的结果确定 DLPFC 和 VLPFC 两个感兴趣区,并抽取其 ReHo 值作为自变量,冲突适应效应作为因变量,同时控制反应时、标准差以及干扰效应。当 DLPFC 和 VLPFC 一起进入回归方程时,能够解释冲突适应效应变异的 48.1%[$R^2 = 0.481$,$F(2, 25) = 11.58$,$p < 0.001$]。如果以逐步回归的方式进入方程,VLPFC 被剔除出方程,而 DLPFC 能够解释变异的 48%[$R^2 = 0.48$,$F(1, 26) = 24.03$,$p < 0.001$]。

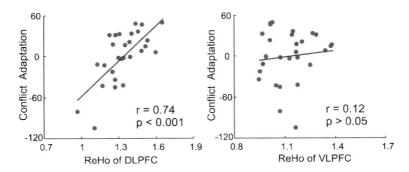

图 5 样本 2 中 DLPFC 和 VLPFC 的 ReHo 值与行为冲突适应效应之间的相关结果

3.1.4 讨论

实验 1 采用 ReHo 指标，通过两个独立样本来考查冲突适应效应个体差异的神经机制。采用字母 Flanker 任务来评估个体的冲突适应效应，行为结果显示存在着显著的冲突适应效应，同时也存在着很大的个体差异。ReHo 值和冲突适应效应之间的偏相关分析（控制反应时、标准差以及干扰效应）显示，左侧 DLPFC 和左侧 VLPFC 的 ReHo 值与行为表现有显著的正相关，即在这两个区域的 ReHo 值更大的被试，表现出更大的冲突适应效应。回归分析显示，VLPFC 被剔除方程，而 DLPFC 能够解释冲突适应效应变异的 42%。为了确保结果的可靠性，我们选用另外一个独立样本进行了回归分析，结果类似：VLPFC 被剔除方程，而 DLPFC 能够解释冲突适应效应变异的 48%。实验 2 首次从静息态的角度研究冲突适应效应个体差异的神经机制。冲突适应效应被用来研究精神分裂特质个体的认知损伤（Kerns et al.，2005；Melcher et al.，2008），而且冲突适应的个体差异与精神分裂特质相关（Voelter et al.，2012）。因此，实验 2 结果说明，通过考查自发脑活动来确认精神分裂特质的神经标记以及评估精神分裂症状是可行的。

实验 2 发现，左侧 DLPFC 的 ReHo 值与冲突适应效应显著正相关，并且 DLPFC 的 ReHo 值能够预测个体的冲突适应效应，这种预测作用在另一个独立样本中依然有效。这说明左侧DLPFC在冲突适应中扮演重要角色，这与前人应用任务态磁共振成像技术得到的结果一致。例如，双侧DLPFC在II条件下比CI条件有更大的激活，即冲突后行为调整过程中，双侧DLPFC有更大的激活（Egner & Hirsch，2005a，2005b）。在另一项研究中，左侧DLPFC和VLPFC在冲突线索后的不一致条件下比一致条件下有更大的激活（Aarts et al.，2008），说明这些区域与冲突线索后的行为调整过程有关。另外，Kerns等人（2004）的研究发现，右侧DLPFC的活动强度能够预测II试次中冲突诱发的行为调整的大小。Mansouri等人（2007）关于猴子脑损伤的研究发现，双侧DLPFC损伤的猴子身上不存在冲突后行为调整过程，这进一步说明DLPFC在冲突适应中的重要作用。

尽管大多数研究认为DLPFC参与冲突解决过程（MacDonald et al.，2000；Botvinick et al.，2001，2004），然而，还有一些证据表明DLPFC也参与冲突监测过程。如Wittfoth等人（2009）发现，相比低冲突条件，在双重冲突条件下，DLPFC的激活更强。另外，一项在猴子身上进行的单细胞记录研究发现，DLPFC中有一组神经元表征当前试次的冲突水平，作者认为这些神经元负责编码和保持感受到的冲突（Mansouri et al.，2007）。Mansouri等人（2009）回顾了一系列的相关研究后推测，实验中观察到的与调整过程相关的DLPFC的激活实际上体现的是冲突过程中 DLPFC 的记忆功能。因此，还需要进一步的研究来澄清 DLPFC 在冲突适应中的角色。然而，DLPFC 在冲突适应中具有重要作用这一点毋庸置疑。最近一项采用多个任务的研究认为，在适应性任务控制中，大脑中央执行网络扮演着中心角色（Cole et al., 2013）。

更重要的是，实验 1 发现，左侧 DLPFC 的 ReHo 值能够预测另一个独立样本的冲突适应效应，其解释率达到 48%，即在左侧 DLPFC 上有更大 ReHo 值的被试行为上表现出更大的冲突适应效应。ReHo 测量的是某个脑区自发血氧水平依赖信号在时间序列上的同步性（Zang et al., 2004），其反映了局部功能的同质性（Zuo et al., 2013; Jiang et al., 2015）。局部功能的同质性可能反映了功能的分化和整合（Jiang et al., 2015）。一项研究应用 ReHo 指标来考查大脑局部功能同质性的区域变异，结果发现，大脑从前部到后部、从背侧到腹侧的功能同质性程度呈下降趋势（Jiang et al., 2015）。枕叶、脑岛以及前额区域的功能同质性程度最高，说明这些区域可能具有最高的功能特异性。在功能脑网络水平上，背侧注意网络具有最高的功能同质性，反映了其具有较高的功能特异性；而边缘网络的功能同质性最低，说明其功能分离程度高。某个脑区或者脑网络功能特异性高，说明其选择性地只负责某个特定的功能；而功能分离是指某个脑区参与多个不同的功能。DLPFC 属于背侧注意网络，在冲突适应过程中发挥重要作用。在个体差异方面，个体在该区域有更大的 ReHo 值，可能反映了该区域的功能特异性程度更高，从而使其在冲突适应中发挥更好的作用。所以，个体在 DLPFC 上的 ReHo 值更大，行为上就会表现出更大的冲突适应效应。实验 1 的结果也进一步说明了 ReHo 的功能意义。同样，实验 1 的结果也为认知控制损伤和动态调整缺陷的早期探测提供了可能的生物标记。

左侧 VLPFC 的 ReHo 值与冲突适应分数之间的正相关说明 VLPFC 可能在冲突适应中也具有重要作用。然而，当进行逐步回归分析时，VLPFC 被剔除方程，其贡献没达到显著性水平，这可能是由 ReHo 数据的性质决定的。在全脑水平上的功能同质性分析发现，从背侧到腹侧，功能同质性水平逐渐降低，腹侧区域呈现出相对更低的功能同质性。而实验 1 的结果也发现 VLPFC 的 ReHo 值小于 DLPFC 的 ReHo 值，即 VLPFC 的功能特异性水平更低。VLPFC 可能在很多认知任务中都起到重要作用，包括但不限于在冲突适应中发挥作用。由于 VLPFC 的 ReHo 值在个体间的差异太小，导致其对于行为的解释力度很小，所以在逐步回归分析中被剔除回归方程。这个结果也表明 ReHo 指标可能存在的一个局限性：对于功能特异性水平比较低的区域不敏感。因此，VLPFC 在认知控制过程中的作用还需要更多的研究来进一步考查。

一个小区域的内部功能一致性的基础可能是神经元数目、类型和神经元密度的一致性（Lichtman & Denk，2011），这说明 ReHo 指标可能与大脑结构因素具有生物学关联，也可能与个体发展（成熟）、环境等因素具有生物学关联（Jiang et al.，2015）。一项关于性别差异的静息态研究发现，大约 50% 的大脑区域表现出灰质密度与 ReHo 值的显著相关，然而灰质密度却不能解释静息态 ReHo 值的变异（Wang et al.，2012）。另外，最近有研究考查了功能一致性与五个形态学指标（皮层厚度、表面积、高斯曲率、沟深、局部褶皱）之间的相关性，发现五个形态学指标能够解释功能一致性在被试间变异的 12%（Jiang et al.，2015）。因此，我们认为 ReHo 值有其独特的功能，不能被结构指标所取代或者代替。在本研究中，我们进一步考查了 ReHo 值和 DLPFC 的灰质体积之间的相关性，发现相关性不显著（$R = 0.202$，$p > 0.05$）。

总之，我们选取了两个独立样本，采取 ReHo 指标考查了冲突适应效应个体差异的神经机制。结果发现，冲突适应分数与左侧 DLPFC 和左侧 VLPFC 的 ReHo 值具有显著相关。而更值得关注的是，DLPFC 的 ReHo 值能够预测另一个独立样本的冲突适应分数。实验 1 说明：其一，DLPFC 对于冲突适应效应非常重要；其二，DLPFC 的 ReHo 值能够用来预测个体的冲突适应效应。此外，实验 1 的结果对于临床应用有一定的参考价值，为认知控制和动态调整损伤的早期探测提供了可能的生物学标记。

3.2 实验2 冲突适应效应个体差异的神经网络基础

3.2.1 前言

人们需要不断调整自己的行为来适应外界变化的环境，这种动态调整的能力对人类来说已经驾轻就熟，然而这需要复杂的脑区联合工作才能完成。最有代表性的理论是冲突监测理论，该理论认为当冲突出现时，ACC负责监测冲突，并将冲突信号传递给DLPFC，随后DLPFC根据冲突信号调整认知资源，增强目标加工，抑制干扰加工，从而有效地解决冲突（Kerns et al.，2004；Matsumoto & Tanaka，2004）。研究者通过考查被试完成冲突任务时ACC和DLPFC的时间序列，发现冲突诱发的ACC的激活强度能够预测DLPFC的激活强度以及行为调整的大小（Kerns et al.，2004），有力地支持了冲突监测理论。有研究采用单细胞记录结合磁共振成像技术，发现冲突适应调节背侧ACC神经元的活动（Sheth et al.，2012）。此研究采用fMRI和单细胞记录技术，考查正常成人被试在完成多溯源干扰任务（Multi-Source Interference Task，MSIT）时的神经机制。结果表明，单个dACC神经元的放电反映了当前和先前的认知负荷（冲突），并且先前试次中dACC的激活对当前试次的调整产生了冲突适应，说明dACC的激活能反映大脑对冲突的监测，根据dACC的激活情况可以进一步预测被试的行为反应。这些研究都说明冲突适应效应中的调整过程是通过ACC与DLPFC的协同作用来完成的。

然而，一些冲突相关研究对ACC的冲突监测功能提出挑战。磁共振的研究发现，尽管在整个扫描过程中冲突的行为效应一直存在，但是ACC激活却变小甚至消失（Milham，Banich，Claus，& Cohen，2003；Erickson et al.，2004）。研究者推测，ACC可能在冲突解决或者监测的最初阶段起作用，而在行为的后期阶段，DLPFC可能增加控制。另外一个可能是，ACC对冲突加工本身不起作用，而是在学习如何管理冲突情境或者只是学习如何连接和选择任务相关维度方面起作用。另外，研究者在详细分析了实验持续时间和脑成像结果后提出，一个实验的持续时间会影响其结果和对神经成像数据的解释，包括某个特定脑区在认知中的作用。而Tang等人（2013）的研究发现，冲突适应是通过顶叶和右侧额叶之间的有效连接来实现的。这些证据都说明冲突适应是通过神经网络的交互作用来实现的，而具体的神经网络还有待进一步的研究。

基于静息态的磁共振成像主要考查大脑内在的自发活动情况，其不受任务限制（Fox & Raichle，2007；Raichle，2010；Biswal，2012），也避免了上文所说随实验时间变化，激活脑区变化的问题。静息态功能连接主要研究不同脑区之间在时间序列上的一致性关系，从而研究不同脑区之间的协作与对抗关系。研究发现，脑区间的静息态功能连接强度能够预测个体认知任务（如工作记忆任务、Flanker 任务）的行为表现（Hampson et al.，2006；Seeley et al.，2007；Kelly et al.，2008）。例如，Hampson 等人（2006）的研究发现，静息态下 PPC 和 MFG 之间的功能连接强度能够预测个体在工作记忆任务上的行为表现。而个体静息态下的功能连接强度与智商水平也密切相关（M. Song et al.，2008；Pamplona，Santos Neto，Rosset，Rogers，& Salmon，2015）。尽管实验 1 发现 DLPFC 的局部一致性能够用来预测个体的冲突适应效应，但是冲突适应过程本身需要多个脑区的共同参与来完成，有必要从静息态功能连接的角度考查冲突适应效应个体差异的脑网络基础。因此，实验 2 在实验 1 的基础上，选取 DLPFC 和 VLPFC 为 ROI，考查冲突适应效应个体差异的脑网络基础。

3.2.2 材料与方法

1. 被试

39名被试全部为西南大学学生，其中女性17名，男性22名，年龄范围在20～24岁，平均年龄21.1岁。还有两名被试参加了实验，但是由于磁共振成像数据头动过大（平移大于2mm或者转动大于2度）被剔除。

2. 实验过程、行为数据分析、磁共振数据采集同实验1。

3. 磁共振数据预处理

数据预处理的前半部分同实验1，只是在配准完成后，需进行高斯空间平滑（Smooth），平滑核为6mm。最后，进行去线性漂移和滤波（0.01～0.08 Hz）。

4. 功能连接分析

先去除6个头动参数、全脑信号、白质以及脑脊液信号，随后利用REST（X. W. Song et al., 2011）软件进行功能连接分析。将实验1中获取的DLPFC（ROI1）和VLPFC（ROI2）两个脑区作为种子点，计算每个被试种子点区域对应的功能连接图像。首先，计算每个被试种子点区域的平均时间序列，在全脑水平上计算种子点时间序列和其他体素时间序列之间的相关系数，从而可以得到每个被试种子点区域相对应的r图像。随后，对r图像进行Fisher-Z变换，获取每个被试标准化的功能连接图像。为了获取与种子点显著相关的脑区，对标准化功能连接图像进行单样本t检验，寻找显著大于0的区域（采用错误发现率FDR矫正，$p < 0.001$）。

针对上述与种子点有显著相关性的脑区（将卡过阈值之后显著相关的脑区作为mask），进行冲突适应效应量与标准化功能连接图像的偏相关分析，将反应时、标准差以及Flanker干扰效应作为干扰项回归掉。两个ROI都采用蒙特卡罗模拟进行多重比较矫正，采用Alphasim矫正，具体参数为：个体水平p值为0.005，10000次模拟，双边，采用6 mm的FWHM，组块连接半径（cluster connection radius）为5 mm（桥接方式）。采用MRIcro软件（http://www.cabiatl.com/mricro/）提供的模板呈现结果，所有显著性结果均采用MNI坐标。

3.2.3 结果

1. 行为结果

同实验1的样本1结果。

2. 功能连接分析结果

（1）ROI1（DLPFC）的结果

全脑水平上，单样本 t 检验的结果显示，与 DLPFC 存在显著正相关的脑区包括双侧额中回（Middle Frontal Gyrus）、双侧顶下小叶（Inferior Parietal Lobule，IPL）、双侧前扣带回、右侧额上回（Superior Frontal Gyrus）、双侧颞下回（Inferior Temporal Gyrus）、双侧小脑后部（Cerebellum Posterior Lobe）以及双侧尾状核（Caudate Nucleus）（FDR 矫正，$p < 0.001$）。随后将这些脑区作为 mask，进行功能连接与行为指标的相关分析，结果发现（图6和表4），双侧脑岛（Insula）及右侧 ACC 与 DLPFC 的连接强度和冲突适应效应显著负相关，左侧 IPL 与 DLPFC 的连接强度和冲突适应效应显著正相关（Alphasim 矫正，个体水平 p 值为 0.005，根据模拟结果，达到 0.01 的显著性水平需要团块大于 25 个体素）。回归分析的结果见图7。

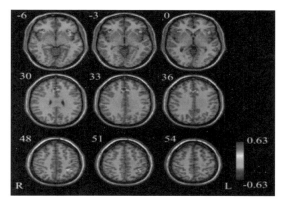

a

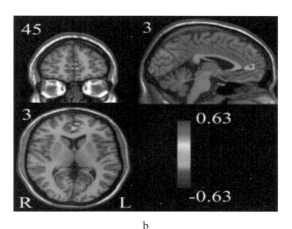

b

图 6　DLPFC 的连接强度表现出与冲突适应效应显著相关的脑区。图 6a 代表与 DLPFC 正连接的脑区结果；图 6b 代表与 DLPFC 负连接的脑区结果。

存在显著负相关的脑区包括双侧颞中回、双侧中央后回（postcentral gyrus）、左侧角回（angular gyrus）、右侧楔前叶、右内侧前额叶（medial prefrontal cortex，MPFC）、双侧小脑后部（cerebellum posterior lobe）（采用 FDR 矫正，$p < 0.001$）。

随后将这些脑区作为 mask，进行功能连接与行为指标的相关分析，结果发现（表 4 和图 6），MPFC 与 DLPFC 的连接强度和冲突适应效应呈负相关（Alphasim 矫正，p < 0.01）。

表 4 DLPFC 的连接强度与冲突适应效应显著相关的脑区

Region	BA	No. of voxels	MNI coordinate（peak）			r（peak）
			x	y	z	
Insula_L	13	48	−39	15	−9	−0.54
Insula_R	47	37	36	27	−6	−0.61
ACC_R	32	84	3	27	33	−0.62
IPL_L	40	35	−36	−48	54	0.59
MPFC_R	10	82	3	45	3	−0.58

注：阈值为 p< 0.01，Alphasim 矫正，L 代表左脑，R 代表右脑，ACC 为前扣带回，IPL 为顶下小叶，MPFC 为内侧前额叶，其中内侧前额叶与 DLPFC 之间为负连接。

（2）ROI2（VLPFC）的结果

全脑水平上，单样本 t 检验的结果显示，与 VLPFC 存在显著正相关的脑区包括双侧顶叶、双侧颞下回、左侧小脑前部以及前额叶到顶叶的大部分区域（FDR 矫正，p < 0.001）。随后将这些脑区作为 mask，进行功能连接与行为指标的相关分析，没有发现任何经得起矫正的显著脑区。

与 VLPFC 存在显著负相关的脑区包括右侧小脑后部、右侧颞叶、右侧颞中回、右侧舌回、右内侧前额叶、左侧角回、右侧额上回、左侧中央后回、左侧顶叶（FDR 矫正，p < 0.001）。随后将这些脑区作为 mask，进行功能连接与行为指标的相关分

析，没有发现任何经得起矫正的显著脑区。

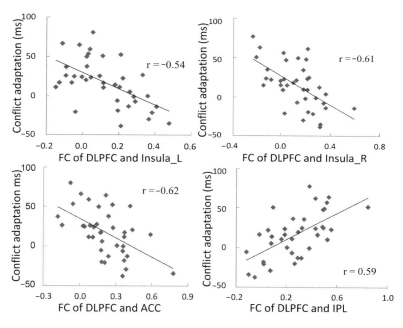

图 7　功能连接强度与冲突适应效应之间的相关散点图

3.2.4　讨论

在实验 1 的基础上，我们选取跟冲突适应效应具有显著相关性的两个脑区——DLPFC 和 VLPFC 作为感兴趣区，进行基于 ROI 的功能连接分析，试图寻找冲突适应效应个体差异的脑网络基础。结果发现（图 7），双侧脑岛及右侧 ACC 与 DLPFC

的连接强度与冲突适应效应呈现显著负相关，左侧顶下小叶与 DLPFC 的连接强度与冲突适应效应呈现显著正相关。双侧脑岛及 ACC 构成了凸显网络（Seeley et al.，2007；Bressler & Menon，2010），而 DLPFC 和顶下小叶都是中央执行网络的重要节点（Dosenbach et al.，2008；Power & Petersen，2013）。因此，可以说 DLPFC 与凸显网络的连接强度与冲突适应效应呈负相关，而执行控制网络内部的功能连接强度与冲突适应效应呈正相关。凸显网络主要负责支持试次间任务设置的保持和执行（Dosenbach et al.，2006）以及对凸显的内外部刺激和事件进行探测和定向（Seeley et al.，2007；Menon & Uddin，2010）；而执行控制网络主要负责高水平的认知功能，尤其在适应性的认知控制中起作用（Dosenbach et al.，2008；Power & Petersen，2013）。因此，我们推测，当被试面对冲突，更多地使用中央执行网络时，冲突适应效应更强；而如果使用凸显网络和执行控制网络协同工作，则冲突适应效应更弱。同时，右侧 MPFC 与 DLPFC 的负连接强度与冲突适应效应负相关，二者拮抗越强，冲突适应效应越强。

实验 2 发现，双侧脑岛与 DLPFC 的连接强度与冲突适应效应显著负相关。脑岛主要负责探测新异的凸显刺激。比如，在视觉、触觉以及听觉通道都发现，在一系列连续的刺激中，偏差刺激会引起脑岛更大的激活（Linden et al., 1999；Downar, Crawley, Mikulis, & Davis, 2002；Crottaz-Herbette & Menon, 2006）。而且一旦不熟悉的偏差刺激取代熟悉的偏差刺激，脑岛激活的程度还会增加（Downar, Crawley, Mikulis, & Davis, 2000；Downar et al., 2002）。Menon 和 Uddin（2010）在回顾了一系列与脑岛有关的研究后提出，脑岛以自下而上的方式对凸显刺激进行探测，当探测到凸显刺激时，会在空间和时间上标注凸显事件，并引发适当的控制信号。他们认为前脑岛和 ACC 构成凸显网络，在外部和内部的众多信息中找到最相关的信息来引导行为（Menon & Uddin, 2010）。那么，在冲突适应过程中，可能脑岛负责监测和标注冲突，并引发 DLPFC 对冲突的控制。然而，脑岛与 DLPFC 的功能连接强度与冲突适应效应呈负相关。我们推测可能脑岛的监测功能主要发生在试次内，那么高冲突适应效应个体更多地利用先前冲突来提高当前控制能力，就不需要在试次内进行监测；而低冲突适应效应个体无法利用先前冲突信息。因此，每一次遇到冲突都需要脑岛的监测作用。脑岛与 DLPFC 的连接越强，冲突适应效应反而越低。

ACC 和 DLPFC 的连接强度与冲突适应效应呈负相关，二者连接强度越强，冲突适应效应越小。这与冲突监测理论关于 ACC 与 DLPFC 协同作用完成行为调整的观点相反。然而，ACC 在冲突适应过程中的监测功能也受到其他研究的质疑（Mansouri，Tanaka，& Buckley，2009）。我们推测，在实际的基于任务态的研究中，可能 ACC 在最初阶段起作用，而当被试对任务熟悉之后更多依靠 DLPFC 和顶叶的协作来完成行为调整，无须 ACC 的监测功能。而那些在实验中一直不能掌握规则的被试可能就需要 ACC 一次次探测冲突来引导 DLPFC 的控制，从而表现出二者连接越强、冲突适应效应越小的现象。当然，这些推测都有待于基于任务态的研究的检验。

DLPFC 和 IPL 的连接强度与冲突适应效应正相关，二者连接强度越强，冲突适应效应越大。DLPFC 和 IPL 都属于执行控制网络。执行控制网络主要负责高水平的认知功能，尤其是适应性的认知控制。而 DLPFC 和凸显网络的连接强度与冲突适应效应负相关，即二者连接强度越强，被试的冲突适应效应越小。凸显网络主要负责支持试次间任务设置的保持和执行（Dosenbach et al.，2006）以及对凸显的内外部刺激和事件进行探测和定向（Seeley et al.，2007；Menon & Uddin，2010）。我们推测，对于低冲突适应效应的个体来说，当他们面对冲突时，可能需要凸显网络来探测刺激，进而通过 DLPFC 来执行控制；而对于高冲突适应效应的个体来说，他们能够在任务中一直保持高控制水平,更多地依赖执行控制网络来解决冲突。换句话说,冲突适应效应小的被试可能不断需要凸显网络探测冲突刺激,并传递给 DLPFC 来解决冲突。他们没有保持高控制水平,而是不断在高低控制水平之间切换,不断需要凸显网络和执行控制网络的协作来完成任务。

实验 2 还发现,右侧 MPFC 和 DLPFC 的连接强度与冲突适应效应负相关,然而二者本身的连接强度为负值,即为负连接。那么 MPFC 和 DLPFC 之间的拮抗强度与冲突适应效应正相关,即负连接的强度越大,冲突适应效应就越大。MPFC 属于默认网络(Default Mode Network,DMN),其在个体做"白日梦"时活跃,而在个体执行复杂的认知任务时处于抑制状态(Raichle et al.,2001)。而 DLPFC 属于典型的中央控制系统,属于任务网络(Vincent,Kahn,Snyder,Raichle,& Buckner,2008),即在执行认知任务时激活,在休息时处于抑制状态。有研究发现,任务网络和默认网络之间的这种拮抗关系会影响个体认知任务的表现,二者拮抗越强,认知任务表现越好(Fox et al.,2005)。因此,实验 2 中观察到的 MPFC 和 DLPFC 之间的拮抗强度与冲突适应效应的负相关,正好体现了默认网络和任务网络之间的拮抗关系。

总之,实验 2 发现,双侧脑岛及右侧 ACC 和 DLPFC 的连接强度与冲突适应效应呈显著负相关，左侧顶下小叶和 DLPFC 的连接强度与冲突适应效应呈显著正相关，右侧 MPFC 与 DLPFC 的拮抗强度与冲突适应效应呈正相关。我们推测，个体面对冲突时，高冲突适应效应个体更多地依靠中央执行网络解决冲突，而低冲突适应效应个体更多地依靠凸显网络与 DLPFC 的协同工作，由凸显网络进行冲突监测，随后传递信息给 DLPFC 来完成控制过程。

第 4 章

高低冲突适应效应
个体任务态下的
神经网络差异

第四章采用色词 Stroop 任务，从任务态角度考察冲突适应效应的个体差异，并结合心理生理交互分析（psychophysiological interaction analysis，PPI）方法考察冲突适应效应的内在神经机制。结果发现，中央执行网络的连接强度与冲突适应效应呈正相关，而凸显网络的连接强度与冲突适应效应负相关。凸显网络主要负责对凸显刺激进行探测，支持自下而上的加工，而中央执行网络主要负责高水平的控制性加工。因此我们推测，高冲突适应效应个体解决冲突时更多地依赖中央执行网络，进行控制性加工；而低冲突适应效应个体更多地依赖凸显网络，进行自下而上的加工。

4.1 实验 3 高低冲突适应效应个体任务态下功能连接的差异

4.1.1 前言

人们需要不断调整自己的行为来适应外界变化的环境，而这种调整能力存在着个体差异。在实验室中，可以通过一致性任务中的冲突适应效应来模拟行为的这种动态调整过程。比如，在 Stroop 任务中，给被试呈现颜色词，其中颜色和词的意义一致（如红色的"红"）或者不一致（如绿色的"红"），要求被试识别字体颜色而忽视字的意义。通常由于字的意义对颜色辨别的干扰，被试对不一致试次的反应更慢，这就是所谓的干扰效应。而冲突适应效应是指不一致试次之后的干扰效应小于一致试次之后的干扰效应，即冲突诱发了动态调整（Gratton et al., 1992; Egner & Hirsch, 2005b）。

早就有研究者提出冲突适应可能是由多个脑区协调作用的结果（Botvinick et al., 2001; Egner et al., 2007），而最近有实证研究证实它是多个脑区动态交互作用的结果。具体来说，冲突监测模型认为，ACC 监测冲突的出现，并将信号传递给 DLPFC，由 DLPFC 来完成冲突解决过程（Kerns et al., 2004;

K. Matsumoto & Tanaka，2004）。然而，还没有研究直接考查ACC和DLPFC之间的功能整合。Egner和Hirsch（2005a）采用面孔Stroop任务，考查了DLPFC和梭状回面孔区之间的功能耦合，其结果证明冲突的解决是通过增强目标相关信息来实现的。而且，应用EEG的研究也发现冲突适应是通过顶叶和右侧额叶之间的有效连接来实现的（Tang et al.，2013）。这些证据都说明冲突适应是通过神经网络的交互作用实现的。

实验3采用事件相关fMRI设计，考查被试完成色词Stroop任务时冲突适应效应的神经机制。首先，我们针对所有被试考查冲突适应过程中的脑区激活情况；然后我们根据冲突适应效应的行为结果将被试分为两组，即高分组和低分组，并比较两组被试功能连接模式的差异。实验3考查的是基于任务的功能连接模式，因此采用基于体素的心理生理交互分析方法（Egner & Hirsch，2005a）。这种分析方法能够揭示在某种实验条件的调节下，一个脑区对另一个脑区的影响（Friston et al.，1997）。

我们预期可能观察到前额叶和顶叶的激活，包括ACC、DLPFC、VLPFC以及PPC，这些脑区都在冲突适应过程中有重要作用（Kerns et al.，2004；Mansouri et al.，2009；Soutschek et al.，2013）。另外，这些脑区分属于不同的控制系统：DLPFC（Braver et al.，2009）和PPC（Yoon et al.，2008）属

于主动性的自上而下的控制系统；ACC（Braver et al., 2009）和脑岛（Menon & Uddin, 2010）属于反应性的自下而上的控制系统。主动性控制策略和反应性控制策略之间的权衡会导致最终行为表现的差异。因此，冲突适应中可能包含主动性控制和反应性控制的权衡。根据实验2的研究结果，我们预期，高分组被试在冲突适应过程中可能更多地运用主动性控制网络，较少使用反应性控制网络；而低分组被试可能更多地采用反应性控制网络，较少运用主动性控制策略。

4.1.2 材料和方法

1. 被试

31名被试均为西南大学学生，其中，23名女性，8名男性，年龄在18～24岁（平均20.77岁）。所有被试均为右利手，母语为汉语，视力或者矫正视力正常，色觉正常。实验开始前向被试解释实验并确保其理解，签署知情同意书之后进行实验。

2. 实验过程

被试在磁共振扫描仪中完成色词Stroop任务。为了获取纯净的冲突适应效应，排除特征整合、重复启动的影响，采取四个反应集的色词Stroop任务，包括四个汉字（红、绿、黄、蓝），同时四个汉字以红（255，0，0）、绿（0，255，0）、黄（255，255，0）、蓝（0，0，255）四种颜色书写，总共构成16个刺激。每种颜色对应一个反应键（如红色对应左手中指，绿色对应左手食指，黄色对应右手食指，蓝色对应右手中指），对应关系在被试间进行平衡。被试先进行40个试次的练习实验，随后进入正式实验，正式实验包括四个run，每个run有53个试次。单个试次的呈现顺序为：首先是1500 ms的注视点，紧跟着1500 ms的刺激呈现，要求被试看到刺激后尽快做按键反应。试次按照伪随机的方式排列，四种类型的试次数目相等（Mayr, Awh, & Laurey, 2003）。另外，由于冲突适应效应考查的是前后试次之间的相互作用。因此，为了避免抖动时间间隔可能对冲突适应效应带来的影响，我们这里使用固定间隔时间的事件相关设计，从而获得更为纯净的冲突适应效应。

3. 磁共振数据获取

脑成像数据通过3.0 T 西门子磁共振成像系统（Siemens Magnetom Trio TimSystem，Erlangen，Germany）采集。功能像数据采用平面回波成像（EPI）序列，扫描参数如下：TR= 1500 ms，TE = 30 ms，反转角（flip angle）为90°，矩阵值（matrix size）= 64×64，轴位24层，层厚 = 5.0 mm，层间距1mm，总共获得644

个 EPI 图像。为了进行空间标准化和定位，在实验最后收集了高分辨率的 T1 加权结构像，采用的是 3D 磁化准备快速梯度回波序列（magnetization prepared rapid gradient-echo sequence，MP-RAGE），共扫描 176 层，层厚 1mm，分辨率为 0.98×0.98 mm^2（TR = 1900 ms；TE = 2.52 ms，flip angle = 9°，FOV = 256×256 mm^2）。

4. 磁共振数据预处理

我们采用 SPM8 软件（http://www.fil.ion.ucl.ac.uk/spm/software/spm8/）对功能图像进行预处理。首先，为了排除磁场信号不稳定的影响，去除前 5 个时间点的数据，用剩余时间点进行后续分析。其次，进行时间层矫正，将各层扫描时间点与第一层对齐；随后进行头动矫正，并计算每个被试的头动参数（平移大于 2 mm 或者转动大于 2°的被试被剔除）。再次，将被试的结构像配准到经过头动矫正的 EPI 图像上，并将其分割为不同的组织（灰质、白质和脑脊液），分割时采用东亚大脑结构模板，这一步会生成空间标准化参数；然后，采用上一步生成的标准化参数对 EPI 图像进行空间标准化，将其标准化到 MNI 标准空间，采用 $3 \times 3 \times 3$ mm^3 的体素大小。最后，对标准化过的 EPI 图像进行高斯空间平滑，平滑核为 6 mm。

5. 脑区激活分析

首先，建立条件刺激与图像信号的一般线性模型（General Linear Model，GLM），该模型中包括四个 run，每个 run 有五个回归项：CC、CI、IC、II 和行为数据分析中剔除的试次。采用标准血氧响应函数进行卷积，并将头动参数作为无关回归项放入模型中。将 CC、CI、IC 和 II 的单独对比条件放入全因素方差分析模型，我们使用随机效应分析来考查其群体效应。我们将先前试次的一致性（一致和不一致）和当前试次的一致性（一致和不一致）定义为两个自变量来获得其交互作用。在两因素的主效应及交互效应激活得到的结果中，多重比较矫正采用的是随机场理论，矫正后的阈值为 $p < 0.05$。

6. 心理生理交互分析

为了研究冲突适应效应中个体脑网络相互作用模式，以及高低冲突适应效应个体进行任务时的脑网络动态差异，我们采用了心理生理交互分析方法。这种方法能够揭示在某种实验条件下，一个脑区对另一个脑区的影响（Friston et al.，1997; O'Reilly，Woolrich，Behrens，Smith，& Johansen-Berg，2012）。PPI 分析包含三个回归项：一个心理变量，这里是冲突适应效应；一个生理变量，即感兴趣的某个脑区的时间序列；

还有生理变量和心理变量的交互效应。由于冲突适应效应的计算公式是 RT[C（I－C）-I（I－C）]（Egner，2011），因此，心理变量的 contrast 为（-1，1，1，-1），分别代表四种条件（CC，CI，IC，II）。

生理变量根据前面脑区激活结果来确立种子点，并抽取种子点的时间序列。根据我们的激活结果以及查阅前人文献，我们定义了三个种子点：ACC（x = 3，y = 21，z = 39），VLPFC（x = 51，y = 15，z = 12）和 PPC（x = -9，y = -75，z = 39）。球形种子点的半径都是 6 mm，然后根据种子点的时间序列和心理变量来构建生理心理交互作用项。随后，针对每个种子点，对每个被试进行 PPI 分析。最后，进行组水平上的单样本 t 检验来获取功能连接显著的区域。

另外，为了了解高低冲突适应效应个体脑网络的差异，我们根据被试的行为结果，即冲突适应分数：RT [C（I－C）-I（I－C）]，取中位数将被试分为高分组和低分组，其中高分组 16 名，其冲突适应分数大于或者等于中位数（21.32 ms）；低分组 15 名，其冲突适应分数小于中位数。两组被试行为上的冲突适应效应差异显著（t 29 = 7.34，p < 0.001，图 8）。然而，两组被试在 Stroop 干扰效应（I–C）（t 29 = -0.334，p > 0.1）、年龄（t 29 = -1.01，p > 0.1）上都无显著差异。为了比较两组被试与冲突适应相关的脑网络上的差异，我们对两组被试进行了独立样本 t 检验。

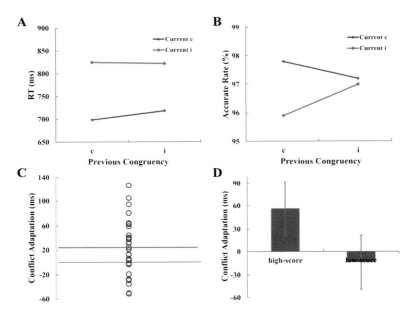

图 8 Stroop 任务中的行为冲突适应效应。A 和 B 分别代表反应时和正确率的结果，C 代表冲突适应效应的个体差异，D 表示根据冲突适应效应分数划分的高分组和低分组两组被试的冲突适应效应。

4.1.3 结果

1. 行为结果

首先，剔除每个组块的首试次、错误试次和错误后试次以及反应时大于 3 个标准差的试次。对反应时和正确率进行 2（先前试次一致性）×2（当前试次一致性）的重复测量方差分析。反应时的结果显示，先前试次一致性主效应显著 [$F(1, 30) = 5.81$，$p < 0.05$]；当前试次一致性的主效应显著 [$F(1, 30) = 188.5$，$p < 0.001$]；二者交互效应显著 [$F(1, 30) = 7.88$，$p < 0.01$]。这说明存在显著的冲突适应效应。在正确率上，先前试次一致性主效应不显著，当前试次一致性主效应显著 [$F(1, 30) = 10.85$，$p < 0.01$]，二者交互效应显著 [$F(1, 30) = 6.19$，$p < 0.05$]。

2. 冲突适应中的脑激活

表 5 列出了对先前试次一致性的主效应进行组分析，结果显示显著激活区域为左侧额下回（inferior frontal gyrus，IFG）、右侧初级运动皮层（primary motor cortex，PMC）及左侧内侧前额叶（medial frontal gyrus，MFG）。当前试次一致性的主效应显著激活脑区为双侧额中回（bilateral middle frontal gyrus）、左侧腹外侧前额叶（ventrolateral prefrontal cortex，VLPFC）、左侧额上回（left superior frontal gyrus）、前扣带回（ACC）、左侧枕叶（left occipital lobe）以及右侧小脑后叶（right posterior cerebellum lobe），所有结果经过 FWE 矫正，$p < 0.01$。二者交互效应显著的脑区（图 9），即代表冲突适应效应的脑区，包括左侧 MFG、双侧 PMC、右侧 VLPFC、ACC

和 PPC，还有一些皮层下区域，如左侧脑岛、双侧丘脑和小脑，这些结果经过 Alphasim 矫正，$p < 0.05$。

表 5 先前一致性和当前一致性交互作用显著的脑区

脑区 \ 数据	Side	Cluster size	MNI coordinate			Peak intensity
			x	y	z	
Medial Frontal Gyrus	L	22	−3	12	51	14.24
Precentral Gyrus	L	170	−36	−24	57	34.73
Precentral Gyrus	R	43	36	−24	57	23.81
Inferior Frontal Gyrus	R	119	51	15	12	25.83
Insula	L	15	−39	18	3	15.28
Insula	L	21	−33	−3	9	22.60
Thalamus	L	24	−18	−27	9	14.44
Thalamus	R	29	24	−27	6	16.09
Cingulate Gyrus	R	24	12	−39	27	16.59
Cingulate Gyrus	L	23	15	21	30	18.47
Cingulate Gyrus	R	15	3	21	39	15.24
Precuneus	L	19	−18	−57	39	15.29
Precuneus	L	18	−9	−75	39	14.83
Cerebellum Posterior Lobe	L	16	−39	−69	−30	14.63
Cerebellum Anterior Lobe	R	28	18	−66	−33	19.07

注：阈值为 $p < 0.05$，Alphasim 矫正。

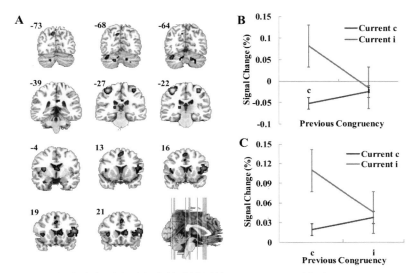

图9 A 代表冲突适应过程中的脑激活情况（Alphasim 矫正，$p < 0.05$），其中红色部分代表 F 值，从 0 到 34。B 代表每种条件下 ACC 的百分信号变化。C 代表 PPC 在每种条件下的百分信号变化。

为了比较两组被试在冲突适应效应激活上的差异，我们进行了 2（先前试次一致性）×2（当前试次一致性）×2（组别）的三因素方差分析，在未矫正 $p < 0.005$，$k = 30$ 的水平上没有发现跟组别主效应相关的显著激活脑区。

3. 心理生理交互分析结果

对所有被试，单样本 t 检验结果显示（图 10），在冲突适应中，与 ACC 有正向连接的脑区包括双侧脑岛、右侧前额皮层（right anterior frontal cortex）以及小脑（cerebellum），与 PPC 有正向连接的脑区包括左侧前额皮层（left anterior frontal cortex)、左侧额中回（left middle frontal gyrus）以及左侧顶叶（left parietal lobe）。没有发现负向连接的结果。VLPFC 只与枕中回（middle occipital gyrus）有显著的正向连接。所有结果经 Alphasim 矫正，p < 0.05。

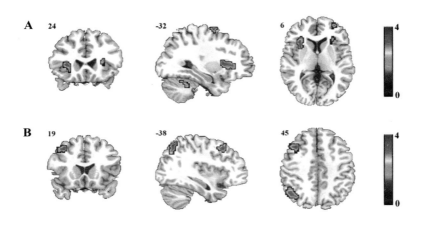

图 10　A 代表以 ACC 为种子点的 PPI 分析结果，B 代表以 PPC 为种子点的 PPI 分析结果。所有结果经过 Alphasim 矫正，p < 0.05。

双样本 t 检验的结果显示两组被试有着不同的连接模式。以 ACC 为种子点的分析显示，相对于低分组被试，高分组被试显示出更弱的 ACC 与右侧脑岛和枕上回的功能连接模式（Alphasim 矫正，p < 0.05）。在未矫正 p < 0.005，k = 10 的水平上，低分组被试也表现出更强的左侧脑岛和 ACC 之间的功能连接，高分组被试没有显示出任何与 ACC 功能连接更强的团块。以 PPC 为种子点的分析显示，高分组被试显示出

更强的 PPC 相关功能连接模式，包括额上回（superior frontal gyrus，SFG）、双侧顶上小叶（superior parietal lobule，SPL）、双侧小脑后叶（bilateral cerebellum posterior lobe）以及右侧颞叶的一些团块（Alphasim 矫正，$p < 0.05$）。高分组被试没有显示出任何与 PPC 功能连接更弱的团块。另外，以 VLPFC 为种子点的 PPI 分析在 $p < 0.005$，$k = 30$ 水平上没有显示任何组间差异。

为了进一步确定结果的可靠性，我们研究基于 PPI 的功能连接与冲突适应分数之间的相关。首先，根据 t 检验结果确定与种子点之间的功能连接在组间有显著差异的脑区，随后提取这些脑区与种子点之间的 PPI 功能连接的 β 值，计算 β 值与冲突适应分数之间的相关。结果如图 11 和图 12 所示，ACC 和其他脑区（双侧脑岛、枕叶）之间的 PPI 连接强度与行为冲突适应分数之间呈负相关；而 PPC 相关的功能连接（SFG、双侧 SPL 以及双侧小脑后叶）与行为冲突适应之间呈正相关。所有结果均达到 0.05 的显著性水平。

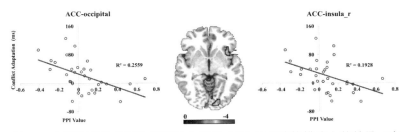

图 11　中间脑区代表高分组和低分组在 ACC 功能连接模式上的差异（高分组减低分组）。散点图代表冲突适应分数与 PPI 连接值之间的相关。

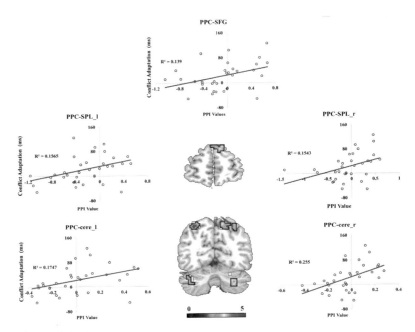

图 12　中间脑区代表高分组和低分组在 PPC 功能连接模式上的差异（高分组减低分组）。散点图代表冲突适应分数与 PPI 连接值之间的相关。

4.2　冲突适应效应的神经网络基础

　　本研究采用色词 Stroop 任务考查冲突适应效应的个体差异及其内在神经机制。在行为水平上，我们观察到显著的冲突适应效应。fMRI 数据显示冲突适应效应相关的激活脑区，包括 ACC、VLPFC、PPC 等。随后我们根据行为冲突适应分数，以中位数进行二分法，将被试分为高分组和低分组。PPI 分析结果显示 ACC 和 PPC 有着不同的功能连接模式。个体差异的分析显示，高分组被试存在更强的 PPC 连接模式（脑区包括左侧 SPL、DLPFC 和小脑），而低分组被试存在更强的 ACC 连接模式（脑区包括脑岛和枕上回）。以 VLPFC 为种子点没有显示出显著的组间差异。进一步的 PPI 连接模式与行为冲突适应分数之间的相关分析也支持上述结果。

本研究观察到显著的冲突适应效应以及 ACC 和 PPC 的激活。ACC 只在冲突相关条件下激活，并且在 CI 条件下比 II 条件下激活更强。CI 条件下控制水平较低，代表着高冲突试次；而 II 条件下控制水平较高，代表着低冲突试次（Egner & Raz，2007）。因此，实验 3 结果说明了 ACC 在冲突适应中的冲突监测功能，符合目前的主流观点（Botvinick et al.，1999；Clayson & Larson，2011）。实验 3 还发现一个有意思的结果：PPC 的激活与冲突适应效应相关。先前也有研究发现 PPC 在冲突适应中激活，最直接的证据是一项经颅磁刺激（transcranial magnetic stimulation，TMS）的研究（Soutschek et al.，2013），研究发现刺激 PPC 会削弱冲突适应效应。PPC 在冲突适应中的作用可能表现为影响反应选择过程或识别任务相关信息过程（Bunge，Hazeltine，Scanlon，Rosen，& Gabrieli，2002；Soutschek et al.，2013）。虽然实验 3 没有发现 DLPFC 的激活，然而，PPI 的结果发现 PPC 和 DLPFC 之间的功能连接强度与冲突适应效应显著相关。

尽管 ACC 和 PPC 在多个认知任务中存在共同激活（Dosenbach et al., 2006; Hwang, Velanova, & Luna, 2010），但是 PPI 结果显示二者存在不同的连接模式。ACC 与双侧脑岛和前额皮层前部存在功能连接，而 PPC 与 SPL 和 DLPFC 相连接。这个分离的结果正好与两种认知控制系统的区分相一致：中央执行网络和凸显网络（Bressler & Menon, 2010; Seeley et al., 2007）。DLPFC 和 PPC 组成中央执行网络，主要负责高水平的认知功能，尤其在适应性的认知控制中起作用（Dosenbach, Fair, Cohen, Schlaggar, & Petersen, 2008; Power & Petersen, 2013）。凸显网络主要由右侧脑岛和 ACC 组成，主要功能包括支持试次间任务设置的保持和执行（Dosenbach et al., 2006）、凸显的内外部刺激和事件的探测与定向（Seeley et al., 2007; Menon & Uddin, 2010）。因此，实验 3 证明冲突适应是通过两个分离的脑网络之间的协同工作完成的，支持双网络工作模型（Dosenbach et al., 2008）。

个体差异分析的结果进一步说明了两个网络在冲突适应中有着不同的功能。高分组被试显示出更强的中央执行网络内部功能连接和更弱的凸显网络内部功能连接，而低分组被试正好相反，表现出更强的凸显网络内部功能连接和更弱的中央执行网络内部功能连接。另外，以 PPC 为中心的中央执行网络内部连接强度与冲突适应效应正相关，而以 ACC 为中心的凸显网络内部连接强度与冲突适应效应负相关。我们推测，在 Stroop 任务中，更多地利用中央执行网络的被试表现出更大的冲突适应效应，而更多地利用凸显网络的被试表现出更小的冲突适应效应。中央执行网络在冲突适应中的重要作用在我们之前的研究中也有发现：如 DLPFC 自发活动可以预测个体的冲突适应效应（T. Wang et al., 2014），顶叶持续慢波与冲突适应效应的个体差异相关（Tang et al., 2013）。中央执行网络可能主动保持一个或者几个试次的任务相关信息，并对控制参数进行快速调整（Dosenbach et al., 2007；Dosenbach et al., 2008）；而凸显网络通过监测异常信号来发起控制，并提醒执行控制脑区进行控制（Menon, 2011）。因此，高分组被试主要利用中央执行网络，在冲突适应中运用的是自上而下的控制方式（Corbetta & Shulman, 2002；Elton & Gao, 2014）；而低分组被试主要利用凸显网络，在冲突适应中运用的是自下而上的控制方式（Braver et al., 2009；Menon & Uddin, 2010）。

按照双重控制模型的观点（Braver et al., 2009；Braver, 2012），自上而下的控制类似于主动性控制，自下而上的控制类似于反应性控制。有趣的是，从目前已有的证据来看，主动性控制主要由 DLPFC 和顶叶完成（Boulinguez et al., 2009；Braver et al., 2009），反应性控制与 ACC 和脑岛有关（Braver et al.，2009；Menon & Uddin，2010）。因此，高分组被试在Stroop任务中运用主动性控制策略，能够有效地利用先前的冲突信号来解决当前的冲突信息，从而在行为上表现出更大的冲突适应效应；低分组被试运用的是反应性控制策略，先前的冲突信号很难影响当前的冲突解决，因此，表现出很小的冲突适应效应。

实验3中进行PPI分析运用的contrast为"-CC + CI + IC - II"。有人可能会质疑这个contrast可能不能反映冲突适应，而是代表了试次类型的改变（CI和IC）和重复（II和CC）对应的连接变化。然而，冲突适应的定义就是一致性水平或者说试次类型重复条件下比改变条件下的冲突解决效率更高。因此，PPI分析中应用该contrast反映冲突适应是合理的。然而，本研究的一个局限在于基于体素的PPI分析只能考查即时的网络内部的连接模式，不能直接考查网络之间的关系。因此，尽管本研究结果说明在冲突适应过程中凸显网络和中央执行网络扮演不同的角色，但不能排除二者以某种方式进行交互作用。事实上，先前的研究认为ACC负责探测冲突的出现，并将信号传递给DLPFC来执行控制（Kerns et al.，2004；Kerns，2006）。我们期待未来有更多的方法（如多元PPI分析、独立成分分析、动态因果模型）和更多的数据来研究两个网络之间的关系。

总之，实验3的结果说明中央执行网络和凸显网络在冲突适应过程中有重要作用，而它们之间的功能分离可以解释冲突适应效应的个体差异。具体来说，凸显网络采取自下而上的反应性控制过程来探测冲突的出现，而中央执行网络引发自上而下的主动性控制过程，从而优化冲突的解决。因此，实验3的结果揭示了冲突适应的脑网络机制以及其对应的个体差异。

第 5 章

冲突适应效应个体差异的大脑结构基础

第五章从大脑结构的角度考查冲突适应效应个体差异的神经基础，包括两个实验（实验4和实验5）。实验4采用基于体素的形态学（voxel-based morphometry，VBM）分析方法考查大脑灰质体积与冲突适应效应的关系，结果发现，右侧顶上小叶的灰质体积与冲突适应效应呈正相关，左侧颞上回的灰质体积与冲突适应效应呈负相关。实验5采用弥散张量成像（diffusion tensor imaging，DTI）技术考查冲突适应效应个体差异与大脑白质完整性的关系，结果发现，右侧缘上回和右侧中央前回的白质完整性与冲突适应效应呈现显著正相关，右侧枕外侧回、左侧颞上回以及背侧前扣带回（dorsal anterior cingulate gyrus，dACG）与冲突适应效应呈现显著负相关。第四章在灰质体积和白质完整性方面都发现了顶叶在冲突适应效应中的重要作用，说明顶叶结构上的个体差异影响冲突适应效应的个体差异。目前一般认为顶叶主要参与刺激知觉层面的冲突解决，其主要是在大脑控制水平提高时，通过自上而下的注意引导来保证目标相关信息的加工，从而减少干扰信息的影响（Soutschek，Taylor，Muller，& Schubert，2013）。同时，在白质完整性和退化程度上的结果都说明，dACG的白质完整性与冲突适应效应呈负相关，dACG 的白质完整性更小的个体具有更好的冲突监测能力，从而表现出更高的冲突适应效应。

5.1 实验 4 冲突适应效应个体差异的大脑结构基础：VBM 研究

5.1.1 前言

随着认知神经科学的不断发展，对人类大脑结构以及其个体差异的研究开始出现。人类的行为会受到大脑结构发展的影响，同时人类的行为也会影响大脑结构的发展变化（Byrge，Sporns，& Smith，2014）。因此，人类行为的基础是大脑结构，行为或者个性上的差异归根结底是大脑结构的差异造成的（位东涛，蒙杰，李亚丹，张庆林，& 邱江，2015）。研究个体差异的脑结构基础，有助于我们更深刻地理解某种行为或者某种特质，从而可以进行有针对性的训练或者练习。例如，有研究（Kanai et al.，2012）利用 VBM 技术发现，孤独感强的个体在左后颞上沟的灰质体积较小，而该区域是基本社会认知的重要区域；进一步检验变量后发现孤独个体在加工社会线索方面存在困难，这就为缓解孤独提供了一定的训练方法。目前，研究个体差异的脑结构基础成为神经科学研究的一个重要方面。

基于体素的形态学分析方法，是一种在体素水平上对磁共振数据进行分析的技术，能定量计算局部灰质、白质密度和体积的改变，从而精确地显示脑组织形态学的变化。近年来，该方法被广泛用于认知、人格、行为及社会性等方面个体差异的神经基础研究（Kanai & Rees，2011）。例如，Krause 等人（2014）的研究发现，空间数字反映编码联合效应的个体差异与右侧楔前叶的灰质体积呈现显著相关。人的性格也与大脑结构有关，如外向性和眶额叶以及杏仁核的灰质体积存在显著关系（Cremers et al.，2011）。还有研究（Soto，Rotshtein，& Kanai，2014）发现，人们在执行视觉注意任务时，利用工作记忆内容进行选择的能力与左侧后顶叶上部呈现显著相关，而利用工作记忆内容进行抑制的能力与左侧后顶叶下部呈现显著相关。

实验 1 和实验 2 从静息态脑功能和脑网络的角度出发，发现 DLPFC 的局部一致性能够预测个体的冲突适应效应，并且 DLPFC 和凸显网络的连接强度与冲突适应效应负相关，而 DLPFC 和 IPL 的连接强度与冲突适应效应正相关。实验 3 从任务态脑网络的角度发现，面对冲突任务时，冲突适应效应大的个体更多地利用中央执行网络，而冲突适应效应小的个体更多地利用凸显网络。这三个实验都是从大脑功能以及功能网络的角度研究冲突适应效应的个体差异,而大脑结构形态上的个体差异是功能差异的基础,比如区域功能连接与皮层进化的膨胀程度存在显著相关,与皮层沟深呈显著正相关(Honey et al.,2009;Mueller et al.,2013)。因此,有必要从大脑结构的角度考查冲突适应效应个体差异的神经基础。实验 4 利用 VBM 考查灰质体积,并采用字母 Flanker 任务测查被试的冲突适应效应,从脑结构的角度考查冲突适应效应个体差异的神经机制。

5.1.2 方法

1. 被试

实验中共有 39 名被试,全部为西南大学学生,其中女性 17 名,男性 22 名,年龄在 20～24 岁,平均年龄 21.1 岁。还有 1 名被试参加了实验,但由于做实验时的行为表现太差,其数据被剔除。所有被试均为右利手,视力或者矫正视力正常,没有过往神经或者精神病史。实验前向被试解释实验并确保其理解,签署知情同意书之后进行实验。

2. 实验过程和行为数据分析方法同实验 1

3. 磁共振数据采集

脑成像数据通过 3.0 T 西门子磁共振成像系统（Siemens Magnetom Trio TimSystem，Erlangen，Germany）收集，采用的是 3D 磁化准备快速梯度回波序列（magnetization prepared rapid gradient-echo sequence，MP-RAGE）收集高分辨率的 T1 加权结构像，扫描参数同实验 1。

4. 磁共振数据预处理

磁共振数据预处理使用基于 MATLAB 的 SPM（Statistical Parametric Mapping，Wellcome Trust Centre for Neuroimaging，London，UK）软件包。首先，将 DICOM 格式的数据转化为 NIFTI 格式。其次，为了使配准更加精确，手动将所有被试的 T1 像数据调整到前联合—后联合的平行线。再次，使用统一的分割技术，将所有被试的 T_1 加权像分割为灰质、白质以及脑脊液（Ashburner & Friston，2000）。然后，使用 DARTEL 技术进行空间标准化：将每个被试的灰质图像配准到 T_1 加权模板上。DARTEL 配准首先从每个被试的图像上计算平均的图谱，再将每个被试的图谱配准到该图谱上。为了提高配准质量以及得到一个更加准确的不同被试间的配准，配准过程将重复进行，直到产生最优的特定模板。这样，每个被试将产生各自的灰质体积。最后,使用 10 mm 的高斯平滑核将每个被试的灰质图像进行平滑。

5. 结构-行为相关分析

采用多重回归分析技术对每个被试的灰质体积和冲突适应效应进行全脑分析。在进行回归分析时,为了控制所有可能的影响因素,我们将 Flanker 干扰效应、反应时、标准差以及全脑灰质体积作为协变量回归掉。在回归分析之后,采用 Alphasim 矫正,个体水平 $p < 0.005$,矫正后 $p < 0.01$。

5.1.3 结果

1. 行为结果

被试的平均正确率和反应时数据见表 6。对正确率进行的重复测量方差分析没有显著的主效应或者交互效应结果。对反应时进行的重复测量方差分析显示,当前试次主效应显著 [$F(1, 44) = 197.94$, $p < 0.001$],先前试次主效应不显著 [$F(1, 44) = 0.07$, $p > 0.05$],二者交互作用显著 [$F(1, 44) = 17.67$, $p < 0.001$],说明存在显著的冲突适应效应。然而,从个体数据来看,冲突适应效应存在着很大的个体差异(图 13)。

表 6 每种条件下的平均反应时（ms）和正确率

条件\数据	CC	CI	IC	II
Mean RT（SD）	408.44（57.50）	459.94（59.78）	417.64（59.05）	449.55（61.84）
Accuracy（SD）	0.93（0.05）	0.92（0.06）	0.92（0.07）	0.91（0.06）

注：RT = 反应时；SD = 标准差；CC = 一致条件后的一致条件；CI = 一致条件后的不一致条件；IC = 不一致条件后的一致条件；II = 不一致条件后的不一致条件。

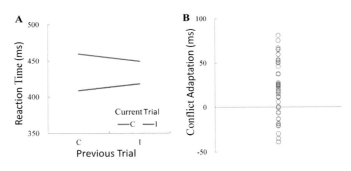

图 13 Flanker 任务中的行为冲突适应效应示意图。A 代表冲突适应效应，B 代表冲突适应效应的个体差异。

2. 结构-行为相关分析结果

对灰质体积和冲突适应效应的回归分析结果显示（表 7 和图 14），右侧顶上小叶（Superior Parietal Lobule）（MNI 坐标 x = 28.5，y = -55.5，z = 48）与冲突适应效应正相关，左侧颞上回（Superior Temporal Gyrus）（MNI 坐标 x = -49.5，y = -55.5，z = 18）与冲突适应效应负相关。结果采用 Alphasim 矫正，

个体水平 p < 0.005，矫正后 p < 0.01。

表 7 灰质体积与冲突适应效应显著相关的脑区

脑区	No. of voxels	MNI coordinate （peak）			Peak T value
		x	y	z	
右侧顶上小叶	167	28.5	-55.5	48	3.50
左侧颞上回	131	-49.5	-55.5	18	-3.53

注：阈值为 p < 0.005，采用 Alphasim 矫正，L 代表左脑，R 代表右脑。

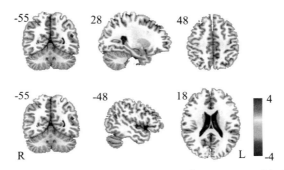

图 14 与冲突适应效应呈显著相关的脑区。采用 Alphasim 矫正，p < 0.01。

5.1.4 讨论

实验 4 采用字母 Flanker 任务考查被试的冲突适应效应，利用 VBM 计算个体的大脑灰质体积，对全脑灰质体积与冲突适应效应进行回归分析，考查冲突适应效应个体差异的脑结构基础。结果发现，右侧顶上小叶的灰质体积与冲突适应效应呈现显著正相关，左侧颞上回的灰质体积与冲突适应效应呈现显著负相关。

右侧顶上小叶与冲突适应效应显著正相关，说明顶叶在冲突适应中有重要作用。实际上，很多研究都发现了 PPC（顶上小叶属于 PPC 的一部分）在冲突解决过程中的激活（Egner，2007；Luks，Simpson，Dale，& Hough，2007；L. Wang et al.，2010）。一项采用 TMS 考查冲突适应效应相关脑区的研究发现，对于知觉水平上的冲突，抑制 IPL 的活动会削弱冲突适应效应（Soutschek et al.，2013）。作者据此得出结论：IPL 在大脑探测到冲突、认知控制水平提高时激活，其主要负责集中注意资源于任务相关刺激维度来抑制干扰信息加工的影响。在本研究中，Flanker 任务包含了知觉水平的冲突和反应水平的冲突，没有区分两种冲突类型。我们的研究结果发现，PPC 的灰质体积与冲突适应效应呈现显著正相关，并且没有其他的正相关的结果，这说明了 PPC 在冲突适应过程中具有重要角色。而跟冲突适应效应相关的其他经典脑区，如 ACC、DLPFC 等，却没有发现相应的结构上的结果，这可能是由于个体在这些方面的差异比较小。通过个体差异来研究认知功能的神经基础，确实能够获取一些有用的结果，但是也有不足之处，主要体现在：当个体在某个方面的差异比较小时，做相关和回归分析就很难发现某个重要的脑区。因此，个体差异的研究也需要与组水平上激活的研究共同结合，这样才能更全面地了解认知功能的神经基础。总之，实验 4 的结果说明 PPC 在冲突适应中的作用应该得到足够的重视。

左侧颞上回与冲突适应效应负相关，这个结果比较难以解释。颞上回主要负责声音和语言的加工，其还包括了著名的威尔尼克语言区——该区域是典型的负责语言理解的区域（Friederici, Ruschemeyer, Hahne, & Fiebach, 2003; Suarez et al., 2010）。还有一些研究发现，颞上回在社会认知中也有重要作用（Bigler et al., 2007; Jou, Minshew, Keshavan, Vitale, & Hardan, 2010），如颞上回在对面孔刺激的情绪知觉时有激活（Radua et al., 2010）。同时研究发现，颞上回是从杏仁核到前额叶通路上的重要结构，而该通路在社会认知加工中有重要作用（Adolphs, 2003; Bigler et al., 2007）。我们推测，在实验4中发现的左侧颞上回与冲突适应效应的负相关有两个可能的原因。第一个原因：被试在进行Flanker任务时，需要加工字母信息，即语言加工。有些被试无法利用PPC将注意力集中于任务相关维度，无法解决冲突并做出正确反应，而是更多地将注意力停留在字母的语言加工方面，这就可能导致低的冲突适应效应。因此，我们推测有些被试语言能力过于强大，导致其过多地关注了语言加工，却忽视了任务要求。第二个原因：有研究者认为，冲突信息对于个体来说属于厌恶刺激，冲突适应过程实际上是对负性情绪的控制（Inzlicht, Bartholow, & Hirsh, 2015）。那么，有些被试可能无法及时处理这种厌恶刺激带来的负性情绪,从而陷入焦虑之中,影响冲突过程中的调整,导致低的冲突适应效应。确实有研究者发现,焦虑个体在冲突适应中表现出很强的冲突监测能力,却无法很好地解决冲突,从而导致低的冲突适应效应(Bishop,2009)。因此,实验4的结果提示我们,情绪可能在冲突适应中起一定的作用。

总之,实验4结果发现,个体在字母Flanker任务上的冲突适应效应与右侧顶上小叶的灰质体积呈正相关,与左侧颞上回的灰质体积呈显著负相关。这说明:第一,后顶叶在冲突适应效应中起着重要作用,并且冲突适应效应的个体差异更多地体现在执行控制方面,在结构上与后顶叶密切相关;第二,冲突适应效应与左侧颞上回的灰质体积负相关,这提示我们,可能被试在冲突解决过程中伴随语言加工和情绪加工。

5.2 实验5 冲突适应效应个体差异的大脑结构基础:DTI研究

5.2.1 前言

人类大脑中除了灰质,还有白质。它是连接神经细胞或灰质的神经纤维束,在大脑中起着传递神经细胞信息流的作用。白质微观结构的改变或者差异可以通过弥散张量成像技术探测到（Bava et al.，2010），这是一种非侵入性的成像技术，能够测量水分子扩散的位移和方向，从而对白质纤维的微观结构进行推论（Basser，1995）。DTI技术可以跟踪计算出不同大脑灰质脑区的纤维束连接特性，最常用的描述白质纤维特性的指标是部分各向异性分数（fractional anisotropy，FA）和平均弥散率（mean diffusivity，MD），其中FA代表水分子各向异性程度，MD代表水分子整体的弥散水平。一般认为，高的FA值和低的MD值代表了增加的轴突口径（axon caliber）、髓鞘化（myelination），以及白质路径中的纤维组织（Beaulieu，2002；Alexander，Lee，Lazar，& Field，2007）。对白质纤维诸多参数的研究是非常有用的，因为更大程度的髓鞘化能够提高轴突的传输速度，进而允许大脑区域间更有效的神经信息的传导，从而允许神经回路之间更高效的交流（Casey，Jones，& Hare，2008）。因此，一般认为，FA代表了白质的完整性，高的FA代表了白质间更有效率的神经传导（Kanai & Rees，2011）。MD对髓鞘脱失或者髓鞘形成障碍非常敏感，代表了组织的退化程度（S. K. Song et al.，2002；Dubois et al.，2008），低的MD值与有效的神经传导相联系（Takeuchi et al，2015）。

DTI技术最开始主要应用于临床研究中，用来评估患者大脑的受损情况，为治疗和评估提供参考（Sotak，2002）。例如，患者从急性脑中风发展到慢性中风的过程中，大脑白质的FA值逐渐减小，MD值逐渐增加，然而，其灰质无明显变化，从而可以利用这些白质信息对中风的诊断和治疗提供客观依据（Warach, Mosley, Sorensen, & Koroshetz, 1996; Werring et al., 2000）。研究者已经将该技术应用于研究正常人的个性、行为、认知等与白质网络的关系。有研究者（Yang et al., 2015）结合VBM和DTI考查自我监测能力的结构基础，发现个体的自我监测能力与dACC的灰质体积正相关，与dACG的白质完整性负相关。作者总结：dACG的白质完整性小的个体可能具有更强的意愿和能力调节个体不适当的行为，从而满足社会的要求。

冲突适应效应反映了个体面对复杂环境时进行动态调整的能力，其存在着很大的个体差异。实验4从灰质体积的角度发现，右侧顶上小叶与冲突适应效应正相关，左侧颞上回与冲突适应效应负相关。这说明了后顶叶在冲突适应效应中的重要作用，同时提示我们冲突适应效应的个体差异更多地体现在执行控制层面。然而，人类大脑中除了灰质还有白质，灰质是神经元的细胞体，白质是神经元的各种突触。因此，灰质是神经中枢，起支配作用；白质则负责传递细胞体的神经冲动。那么，冲突适应效应的个体差异既体现在执行该任务的神经元上，也体现在不同神经元的传递效率上，如进行动态调整的效率可能就跟白质的完整性有关。因此，实验5利用DTI技术，考查冲突适应效应个体差异与白质完整性的关系。

5.2.2 方法

被试、实验过程和行为数据分析都同实验4。

1. 磁共振数据采集

脑成像数据通过3.0 T西门子磁共振成像系统（Siemens Magnetom Trio TimSystem，Erlangen，Germany）收集。扫描时要求被试闭上眼睛，不要睡着，尽量保持头部和身体不动。T_1结构像采用实验4的结构像。DTI图像采集采用轴状位扫描，具体扫描参数如下：TR = 11000 ms，TE = 98 ms，matrix = 128×128，层厚 =2 mm，共60层，b value 1 = 0 s/mm²，b value 2 = 1000 s/mm²。时长6分钟，共扫描采集了93个时间点的数据。

2. 磁共振数据预处理

我们使用PANDA（Pipeline for Analyzing Brain Diffusion images）工具包（Cui，Zhong，Xu，He，& Gong，2013）（http://www.nitrc.org/projects/panda/）对所有的DTI数据进行预处理。预处理前首先利用MRIcron中的dcm2nii将数据转换成nii格式的数据。随后的步骤包括：去脑壳（skull-stripping）；头动和涡流矫正，消除被试运动对数据造成的影响；计算扩散张量

相关参数,由 FSL 软件相关功能计算所采集的 DTI 图像中各个体素的扩散张量参数;空间标准化(Jenkinson,Beckmann,Behrens,Woolrich,& Smith,2012)。我们这里主要考查两个参数:部分各向异性分数(fractional anisotropy,FA)和平均弥散率(mean diffusivity,MD)。FA 值代表水分子各向异性成分占整个弥散张量的比例,其变化范围从 0~1。FA 值是衡量白质完整性的指标,某个组织的 FA 值越大,说明组织越完整(S. W. Davis et al.,2009)。MD 代表分子整体的弥散水平,是衡量组织退化程度的指标。MD 值越大,说明组织越松散,退化程度就越高(S. K. Song et al.,2002)。

3. 白质-行为相关分析

采用多重回归分析技术将每个被试的 FA 值和 MD 值分别与冲突适应效应进行回归分析。在进行回归分析时,为了控制所有可能的影响因素,我们将 Flanker 干扰效应、反应时、标准差作为协变量回归掉。在回归分析之后,采用 Alphasim 矫正,个体水平 $p < 0.005$,矫正后 $p < 0.05$。

5.2.3 结果

回归分析结果发现(图 15 和表 8),在 FA 值上与冲突适应效应负相关的脑区包括右侧枕外侧回、左侧颞上回以及背侧前扣带回。FA 值上与冲突适应效应正相关的脑区包括右侧缘上回和右侧中央前回。进一步的分析发现，在 MD 值上，dACG 脑区与冲突适应效应呈显著正相关。MD 值反映的是组织的退化程度，因此，MD 值越大，其组织功能越差。

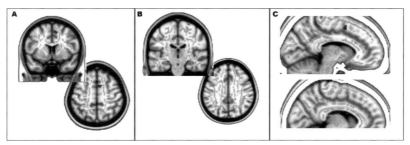

图 15　白质完整性与冲突适应效应显著相关的脑区，Alphasim 矫正，$p < 0.05$。

表 8　在 FA 值上与冲突适应效应显著相关的脑区

Region	No. of voxels	MNI coordinate （peak）			Peak T value
		x	y	z	
Supramarginal Gyrus_R	26	54	-48	36	4.34
Precentral Gyrus_R	22	26	-20	72	3.22
Middle Occipital Gyrus_R	116	32	-94	6	4.01
Superior Temporal Gyrus_L	62	-42	-52	20	3.80
Anterior Cingulate Gyrus	32	10	6	50	4.41

注：其中 Supramarginal Gyrus_R 和 Precentral Gyrus_R 与冲突适应效应正相关，Middle Occipital Gyrus_R、Superior Temporal Gyrus_L 和 Anterior Cingulate Gyrus 与冲突适应效应负相关。阈值为 $p < 0.005$，Alphasim 矫正，R 代表右脑，L 代表左脑。

5.2.4 讨论

实验 5 采用字母 Flanker 任务测查被试的冲突适应效应，并结合基于体素的分析方法对 DTI 数据进行分析，选取 FA 和 MD 两个指标来考查冲突适应效应个体差异的脑结构基础。结果发现，在 FA 值上与冲突适应效应表现出正相关的脑区，包括右侧缘上回（右侧缘上回属于 IPL 的一部分）和右侧中央前回。这再次从白质完整性的角度说明了后顶叶在冲突适应中的重要作用；中央前回属于初级运动区域，其白质完整性与个体的认知控制能力相关。枕外侧回主要负责客体加工，颞上回主要负责语言加工，这两个脑区的白质完整性与冲突适应效应呈负相关，说明被试可能无法集中注意力关注目标，却花费了更多精力来加工字母。dACG 的白质完整性与冲突适应效应呈负相关，并且其组织退化程度（MD 值）与冲突适应效应呈显著正相关，说明 dACG 的白质完整性更小的个体具有更好的冲突监测能力。

右侧缘上回的白质完整性与冲突适应效应呈显著正相关。缘上回属于顶下小叶的一部分，因此这个结果再次证实 PPC 这个部分在冲突适应效应中的重要作用。有研究发现，IPL 在自上而下的注意调节中起重要作用（Rushworth et al., 2001; McDonald & Green, 2008; Silvanto, Muggleton, Lavie, & Walsh, 2009; Taylor et al., 2011），因此其可能通过引导注意关注目标相关维度，忽视无关维度来影响冲突适应中的执行控制过程（Soutschek et al., 2013）。实际上，先前很多研究也发现冲突解决过程中存在 PPC 的激活（Egner & Hirsch, 2005a; Egner et al., 2007）。如 Luks 等人（2007）应用线索 Flanker 任务发现，相比有效线索（低冲突）条件，IPL 在无效线索（高冲突）条件下有更高的激活，作者据此推测其在冲突解决过程中起着重要作用。而 Egner 和 Hirsch（2005）应用 Stroop 任务的研究发现，顶上小叶对冲突敏感，楔前叶对冲突适应过程敏感。Egner 等人（2007）后来又将刺激冲突和反应冲突进行分离，研究二者分别对应的神经机制。研究结果发现，对刺激水平的冲突进行控制激活了上顶叶，而对反应水平冲突的控制主要由腹侧前运动皮层完成。另一项研究也发现了刺激冲突和反应冲突的分离，背侧 PPC 对刺激表征水平上的冲突敏感，ACC 对反应水平上的冲突敏感（Liston et al., 2006）。作者总结：ACC 和 PPC 在信息加工的不同阶段协同工作来探测冲突，两个结构都将增加控制的需要传递给 DLPFC。这两项研究都说明 PPC 可能在刺激冲突层面起作用。对猴子的研究也同样发现 PPC 可能包含在冲突加工过程中：在一项研究中，猴子在高冲突条件下反应更慢，错误率更高，说明它们的行为受到冲突的影响，同时，PPC 神经元的活动受到冲突的调节（Stoet & Snyder, 2007）。总之，PPC 可能包含于冲突加工过程中，但是其具体的角色还有待进一步的研究证实。

右侧中央前回的白质完整性与冲突适应效应显著正相关。中央前回属于初级运动皮层（primary motor cortex），该区域的激活与身体对侧特定部位的运动相对应，接收来自大脑很多高级认知功能区域的输入，如前额叶皮层、前运动皮层（premotor cortex）及辅助运动皮层（supplementary motor cortex），属于认知加工或者冲突控制的最后一个阶段。我们推测其可能在网络连接方面起着某种作用。中央前回的白质完整性越好，那么其与其他脑区之间的连通性就越好，在进行认知任务时就会有更好的表现。有研究者采用色词干扰任务考查青少年的白质完整性与认知控制能力的关系，发现中央前回的白质完整性与认知控制能力呈显著正相关（Seghete，Herting，& Nagel，2013）。从对患者的研究来看，中央前回的白质完整性确实与认知控制能力有关。很多对成瘾患者的研究发现，患者表现出中央前回白质完整性的受损（H. Liu et al.，2008；Bell，Foxe，Nierenberg，Hoptman，& Garavan，2011）。如研究发现，相比健康个体，可卡因依赖者在右侧中央前回的白质完整性降低（Bell et al.，2011）。Liu 等人（2008）的研究发现，海洛因依赖患者在中央前回表现出损伤的白质完整性。有研究（Wei et al.，2011）分析了有冲动行为和没有冲动行为的精神分裂症患者的白质完整性，结果发现，有冲动行为的精神分裂症患者在左侧中央前回表现出下降的白质完整性。这些研究结果都说明，中央前回的白质完整性下降与认知控制能力的下降有关。

白质完整性与冲突适应效应负相关的脑区包括右侧枕外侧回、左侧颞上回及 dACG。右侧枕外侧回主要与视觉加工有关，尤其是客体加工方面（Mullin & Steeves，2011）。左侧颞上回主要与语言加工有关，其包括了著名的威尔尼克语言区——该区域是典型的负责语言理解的区域（Friederici et al.，2003；Suarez et al.，2010）。结合枕外侧回和左侧颞上回，可以发现二者都与对视觉信息的加工有关。这两个脑区的白质完整性与冲突适应效应呈显著负相关，我们推测这可能跟被试无法集中注意力进行目标加工，而将注意力更多地放在了对客体加工上有关。联系到行为任务，被试在进行 Flanker 任务时，需要加工字母信息，这既是一个语言加工过程，也是一个客体加工过程。有些被试可能无法将注意力集中于任务相关维度，无法解决冲突并做出正确反应，而是更多地将注意力停留在字母的语言加工以及客体加工方面，这就可能导致低的冲突适应效应。因此，表现出枕外侧回和左侧颞上回的白质完整性与冲突适应效应负相关。

实验 5 还发现，dACG 的白质完整性与冲突适应效应呈显著负相关，同时其退化程度（MD 值）与冲突适应效应正相关。白质完整性和退化程度两个指标可以说是相反的，白质越完整，其退化程度就越低。因此，dACG 的结果在两个指标上正好相互印证，说明其完整性程度越低，退化程度越高，冲突适应效应越强。一般认为，背外侧前额皮层（dACC）在冲突适应中发挥冲突监测的作用，对冲突适应非常重要，本研究结果似乎正好相反。然而，Yang 等人（2015）的研究也发现，个体的自我监测能力与 dACC 的灰质体积呈正相关，与 dACG 的白质完整性负相关，即高自我监测能力的个体拥有更大的 dACC 灰质体积、更小的 dACG 的白质完整性。作者总结：dACG 的白质完整性小的个体可能具有更强的意愿和能力调节个体不适当的行为，从而满足社会的要求。同时，也有研究发现脑区小的白质完整性反而反映了其更好的功能（Takeuchi et al., 2015）。因此，实验 5 结果说明，小的 dACG 的白质完整性对于冲突监测来说可能是有益的。

总之，实验 5 采用基于体素的分析方法对 DTI 数据进行分析，考查白质完整性与冲突适应效应的关系。结果发现：右侧缘上回和右侧中央前回的白质完整性与冲突适应效应呈显著正相关；右侧枕外侧回、左侧颞上回以及 dACG 与冲突适应效应呈显著负相关，说明后顶叶及运动区域在白质完整性方面的个体差异会影响个体冲突适应效应的个体差异。同时，关于白质完整性和退化程度的结果都说明 dACG 的白质完整性与冲突适应效应负相关，该结果说明 dACG 的白质完整性更小的个体具有更好的冲突监测能力，从而表现出更高的冲突适应效应。

第 6 章

冲突适应效应个体差异相关脑区对自我控制能力的预测

心理学的一个重要目标就是理解和预测人们的行为，而实验室中关于某个认知任务的神经基础只能帮助我们理解行为，无法对日常生活中的行为进行预测。为了使研究更具生态学效度，也为了确定冲突适应过程是否包含在日常生活的自我控制能力中，第六章基于实验 1 的研究结果定义种子点，考查冲突适应效应相关脑区对自我控制能力的预测力。结果发现：DLPFC 的 ReHo 值能够预测个体自我控制能力中的两个维度，即工作和行为表现（维度 2）与健康习惯（维度 5），这两个维度与调节自我和计划有关；而对其他的三个维度（维度 1：冲动控制；维度 3：抵制诱惑；维度 4：节制娱乐）没有预测能力，这三个维度主要体现在控制冲动方面。该结果说明，个体自我控制能力与实验室中的认知控制能力确实相关，利用认知控制能力的相关脑区能够预测个体的自我控制能力，这说明我们可以将实验室中的研究运用到对日常生活表现的预测中，使其更加具有生态学效度。另外，该结果还间接说明，DLPFC 在冲突适应效应中可能并非只有抑制的作用，还可能在计划和调整中具有重要作用。

6.1 认知控制是自我控制的基础

控制和管理行为的能力使得人们能够在一生中生活愉快，目标明确，并且保持健康。自我管理使得人们能够预先计划，在多个选择中决策、控制冲动、抑制和调节不适当的思想和行为（Hofmann，Friese，& Strack，2009）。然而，人们在自我控制方面存在着很大的个体差异。比如，有些人能够抵制巧克力蛋糕的诱惑，而有些人即使正在节食并且知道不能摄入高热量的食物也依然不能抵制诱惑；有些人知道吸烟有害健康时能够及时戒烟，而有些人每天都在说戒烟，却总是烟不离手。为何人们在控制自己的行为方面存在个体差异？这一人格特质上的差异很容易让人联想到认知领域的一个术语——认知控制。认知控制有时又叫作执行功能，其作用是监测、控制和管理当前的认知活动，特别表现在抑制或控制目标无关信息的干扰，同时集中认知资源于加工目标相关信息方面（Botvinick et al.，2001），其神经基础主要在前额叶（prefrontal cortex，PFC）。前额叶的损伤导致不能组织和执行适当的行为，如冲动性、持续动作以及抑制能力的下降。总之，执行功能的损伤会导致控制和管理行为上的问题，导致执行日常生活功能的困难（Miyake et al.，2000）；而完整的执行功能使我们能够控制行为来克服生活中的困难。

研究发现，认知控制是自我控制能力的基础（Filevich et al.，2012；Wolff et al.，2015）。认知控制方面的个体差异能够预测个体在生活中的自我控制能力。比如，Hofmann等人（2009）的研究证明，当个体处于节食阶段，目标是限制摄入糖果时，认知控制方面的个体差异能够预测个体对糖果的摄入量。还有研究发现，认知控制能力强的个体更能够坚持体育锻炼和节食计划（Hall et al.，2008）。另外，认知控制也与对社会行为的管理有关。比如有研究发现，认知控制能力强的个体在内隐联想测验中表现出更少的种族偏见（Stewart et al.，2009；Klauer et al.，2010）。有研究以工作记忆容量标记认知控制能力来考查认知控制和原谅之间的关系。他们在实验中为每个被试虚构一个假搭档，然后以假搭档的名义提供给被试带有愤怒刺激特征的负反馈，目的是刺激被试的愤怒情绪。研究结果发现，认知控制能力强的个体对假搭档表现出更少的愤怒。之后，当要求被试给假搭档反馈时，在有选择的情况下，认知控制能力强的个体表现出更少的报复性负反馈（Hofmann，Gschwendner，Friese，Wiers，& Schmitt，2008）。有研究证明，在一个需要保持长期友好合作的关系中，当遭遇到对方的违规行为时，认知控制能力强的个体更能够抑制报复性行为的发生（Pronk et al.，2010）。还有人研究了认知控制能力与伴侣忠诚度之间的关系，发现认知控制能力强的个体忠诚度更高（Pronk et al., 2011）。可见，认知控制能力是自我控制的基础，关系到我们生活的方方面面。

6.2 实验6 冲突适应效应个体差异相关脑区对自我控制能力的预测

　　传统心理学采用自我报告问卷和实验室中的行为任务来预测和解释人们的行为。然而，自我报告问卷存在社会赞许效应以及一定的被试隐瞒问题，行为任务存在主试期待效应。而近年来，随着各种神经影像技术的发展，神经科学的知识已经足够丰富，能够在预测行为和其他方面弥补目前已有的心理学测验的不足。研究已经证明，相比以前传统的自我报告问卷数据，大脑测量数据能够在更长的时间范围内预测行为结果（如购买决策、临床结果）。这种将大脑信号作为预测变量的方法整合了传统的脑成像方法和行为测量结果，既可以用来揭示实验室中观察到的神经激活与长期的、更具生态学效度的结果之间的连接关系，又可以提高神经科学研究的生态学效度。例如，如果一项研究可以基于自我控制脑区的激活情况，预测问题赌博行为的治疗效果，那么其既可以进一步确定这些脑区在自我控制中的作用，又能为改善治疗效果提供思路。

在认知领域，研究者（Choi et al., 2008）通过大脑结构和功能（皮层厚度和任务激活）来预测智力水平，在一组人群中用来确定的大脑结构和功能区域预测另一组人群的智力水平，发现能够解释45%。这种研究一般是用一组人群的一个前期研究或者多个前期研究来确定ROI，然后再用这个ROI来预测另一组人群的变异情况。目前，研究者已经使用神经信号预测了技能获取，如语言学习（Tan et al., 2011）、与年龄相关的认知能力下降（Woodard et al., 2010）以及高估短期获益行为（Mitchell, Schirmer, Ames, & Gilbert, 2011）。以大脑作为预测变量的方法也可以用于社会领域。比如，有研究者根据早期的研究确认了与说服相关的大脑区域，然后以这些区域的激活来预测接受特定公益广告的人群使用防晒霜的增加情况（Falk, Berkman, Mann, Harrison, & Lieberman, 2010）及吸烟的减少情况（Falk, Berkman, Whalen, & Lieberman, 2011）。研究者（Berkman & Falk, 2013）总结了利用神经影像来预测行为的步骤：首先，假设生成，确定大脑区域或者网络，可以基于先前的研究结果，也可以基于对前人研究的元分析，或者对同一个样本采用一个独立任务产生的激活区域；其次，收集数据，测量先前定义的ROI的激活情况，并收集日常生活的数据，可以是实验的、追踪的、行为观察的；最后，检验假设，统计分析。

由于认知控制能力是自我控制的基础，因此，我们推测认知控制能力的激活脑区能够预测个体的自我控制能力。本研究试图遵循上述方法，采用冲突适应效应（代表认知控制的核心成分——动态调整过程）的相关脑区预测个体的自我控制能力，一方面可以确定动态调整成分在自我控制中的作用及角色，另一方面也可以更加确认认知控制能力和自我控制之间的关系。因此，实验6基于研究一的静息态结果，将DLPFC作为感兴趣区，提取其ReHo信号，用来预测个体的自我控制能力。自我控制能力采用大学生自我控制量表（Tangney，Baumeister，& Boone，2004；谭树华和郭永玉，2008）来测量，得分越高说明自我控制能力越强，共包括五个维度，分别为冲动控制、工作和学习表现、健康习惯、节制娱乐与抵制诱惑。我们准备通过回归分析确定DLPFC的ReHo信号对各个维度的预测能力。

6.2.1 方法

1. 被试

实验中共有60名被试，全部为西南大学学生，男女生各半，年龄在18～26岁，平均年龄21.7岁。所有被试均为右利手，视力或者矫正视力正常，没有过往神经或者精神病史。实验前向被试解释实验并确保其理解，签署知情同意书之后进行实验。

2. 实验过程

被试首先在磁共振实验室进行磁共振扫描，包括结构像和静息态，随后在行为实验室完成大学生自我控制量表的填写。该量表由谭树华和郭永玉（2008）在 Tangney，Baumeister 和 Boone（2004）的自我控制量表（self-control scale，SCS）基础上修订而成，主要考查个体的自我控制能力，得分越高说明自我控制能力越强。该量表包括19个题目，分为冲动控制、工作和学习表现、健康习惯、节制娱乐与抵制诱惑五个维度。其中，s1冲动控制包括第7，9，10，16，17，18题；s2工作和学习表现包括第12，13，14题；s3抵制诱惑包括第2，3，6题；s4节制娱乐包括第4，8，19题；s5健康习惯包括第1，5，11，15题。该量表采用五点记分法，从1分到5分分别表示完全不符合、不符合、不确定、符合、非常符合。该量表的内部一致性系数为0.862，重测信度（间隔三周重测）为0.850（谭树华和郭永玉，2008）。

3. 问卷数据分析

首先，将所有被试每道题的得分录入计算机；然后根据问卷内容将反向记分题的分数重新计算，针对每个被试计算问卷总分，总分代表个体的自我控制能力；最后根据每个维度包含的题项，计算每个被试、每个维度的得分。

4. 磁共振数据采集、数据预处理及 ReHo 指标的分析同实验

5. ReHo-问卷关联分析

将实验 1 中获取的 DLPFC 脑区作为种子点，抽取其对应的 ReHo 信号值，作为自变量；将问卷总分及各因子得分作为因变量，考查 DLPFC 的 ReHo 信号对问卷总分及各维度的预测能力。没有选择 VLPFC 作为种子点，是因为在实验 1 中没有发现其对另一个样本的预测作用。

6.2.2 结果

1. 问卷结果

表 9 呈现了被试在各个维度以及总问卷上得分的平均值。整体上看，大学生的自我控制能力处于中等水平。

表9 被试在各个维度及总问卷上得分的平均值

维度\性别	女性（30）	男性（30）
维度1	3.29（0.72）	3.59（0.65）
维度2	3.03（0.63）	3.18（0.65）
维度3	3.19（0.75）	3.28（0.72）
维度4	3.60（0.76）	3.61（0.79）
维度5	2.93（0.57）	3.15（0.61）
总问卷	3.21（0.53）	3.39（0.52）

2. 结构-问卷相关结果

DLPFC 的 ReHo 信号与问卷各维度及总分的回归分析结果（图16）显示，PFC 的 ReHo 值能够预测维度 2 [$R^2 = 0.11$, $F(1, 58)=7.47$, $p < 0.01$] 和维度 5 [$R^2 = 0.09$, $F(1, 58)= 5.58$; $p < 0.05$]。对问卷总分和其他维度的回归分析结果不显著。

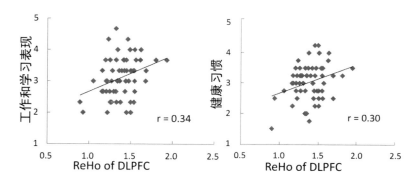

图16 DLPFC 的 ReHo 值与维度 2（左）和维度 5（右）的相关散点图

6.2.3 讨论

鉴于自我控制能力的基础是认知控制能力，我们推测认知控制能力的激活脑区能够预测个体的自我控制能力。因此，实验 6 试图采用能够预测冲突适应效应的脑区 ReHo 值来预测个体的自我控制能力。冲突适应效应代表着认知控制能力中的动态调整过程，更多地反映被试进行动态调整的能力，即根据环境变化不断调整自身反应的能力。结果发现，DLPFC 的 ReHo 值能够预测自我控制问卷中的维度 2（工作和学习表现）和维度 5（健康习惯）。从具体题项看，这两个维度不仅需要控制自己的冲动，还需要制订计划、调整自我等，因此其与认知控制中的动态调整过程相关。DLPFC 的 ReHo 值无法预测其他的维度得分，维度 1 是冲动控制，维度 3 是抵制诱惑，维度 4 是节制娱乐。这三个维度更多的是需要控制自己的冲动，因此其更可能与认知控制中的抑制能力有关。因此，该研究也间接说明 DLPFC 在冲突适应中不仅具有抑制的功能，还具有调整的作用。

实验 6 结果从神经科学的角度确认了自我控制能力的基础是认知控制能力，尤其是其所包含的计划调整的部分能够在认知控制能力的动态调整过程中得以体现。维度 2（工作和学习表现）和维度 5（健康习惯）都是需要个体进行长远计划、根据环境调整自我才能做好的方面，这说明认知控制能力中的动态调整过程反映在现实生活中，便是进行计划与调整自我的能力。本结果也说明，实验室中的研究跟现实中的能力确实是相关的，实验室中测量的结果是可以推广到实验室外、对个体的生活能力进行预测的。

一直以来，研究者都认为DLPFC在冲突适应中发挥抑制控制的作用（MacDonald et al.，2000；Botvinick et al.，2001，2004）。实验1的结果发现，DLPFC的ReHo值能够预测个体的冲突适应效应，只能说明其在冲突适应中很重要，但是很难确定在冲突适应中的角色。本实验的结果似乎暗示着DLPFC可能在动态调整中有重要作用，而并不只是抑制的作用。因为维度1（冲动控制）、维度3（抵制诱惑）和维度4（节制娱乐）都更多地测量的是抑制冲动的能力，但是DLPFC跟其相关不显著；而需要计划和调整的维度2（工作和学习表现）和维度5（健康习惯）却与DLPFC的ReHo值显著相关，这说明其在计划调整中有重要作用。实际上，DLPFC在冲突适应中的抑制控制功能也受到一些研究的质疑，如一些研究发现其也参与冲突监测过程。如Wittfoth等人（2009）发现，相比低冲突条件，在双重冲突条件下，DLPFC的激活更强。另外，一项在猴子身上进行的单细胞记录技术的研究发现，DLPFC中有一组神经元表征当前试次的冲突水平，作者认为这些神经元负责编码和保持感受到的冲突（Mansouri et al., 2007）。Mansouri 等人（2009）回顾了一系列的相关研究后推测，实验中观察到的与调整过程相关的 DLPFC 的激活实际上体现的是冲突过程中 DLPFC 的记忆功能。因此，还需要进一步的研究来澄清 DLPFC 在冲突适应中的角色，而本试验的结果暗示其可能在调整计划方面起作用。

总之，实验 6 的结果表明，大脑 DLPFC 区域的 ReHo 值能够预测个体自我控制能力中的工作和行为表现（维度 2）和健康习惯（维度 5）。该结果说明，个体自我控制能力与实验室中的认知控制能力确实相关，利用认知控制能力的相关脑区能够预测个体的认知控制能力，我们可以将实验室中的研究运用到对日常生活表现的预测中，使其更加具有生态学效度。

第 7 章

冲突适应的神经基础

本书结合结构像、静息态以及任务态,从不同的角度对冲突适应效应个体差异的神经机制进行了探讨。实验1结合字母Flanker任务与静息态磁共振成像技术,发现静息状态下DLPFC的ReHo值能够预测个体的冲突适应效应。实验2的功能连接分析发现,IPL和DLPFC的连接强度与冲突适应效应正相关,双侧脑岛以及ACC与DLPFC的连接强度与冲突适应效应呈显著负相关。双侧脑岛以及ACC正好是凸显网络的重要节点,而IPL和DLPFC都是执行控制网络的重要节点。为了确认实验2中我们对于冲突适应脑网络的推测,实验3结合PPI分析技术和任务态磁共振成像,考查高低冲突适应效应个体在完成色词Stroop任务时的脑网络差异。结果发现,高冲突适应效应个体表现出更强的中央执行网络内部的功能连接和更弱的凸显网络内部的功能连接;而低分组被试正好相反,表现出更强的凸显网络内部的功能连接和更弱的中央执行网络内部的功能连接。结合实验2和实验3关于网络的结果,我们推测,高冲突适应效应个体更多依赖中央执行网络来完成任务;而低冲突适应效应个体更多依赖凸显网络来完成任务。结合Braver等人(2007,2012)提出的双重控制模型,主动性控制主要由DLPFC和顶叶完成（Braver et al., 2007; Boulinguez et al., 2009），而反应性控制与 ACC 和脑岛有关（Braver et al., 2009; Menon & Uddin, 2010）。我们推测，高冲突适应效应个体在冲突任务中运用主动性控制策略，能够有效利用先前的冲突信号来解决当前的冲突信息，从而在行为上表现出更大的冲突适应效应；低分组被试运用的是反应性控制策略，先前的冲突信号很难影响当前的冲突解决，而是在每一次面对冲突时才进行监测和控制，因此表现出很小的冲突适应效应。

大脑结构形态上的个体差异是功能差异的基础，因此，实验 4 和实验 5 从大脑结构的角度考查冲突适应效应个体差异的神经基础。结果发现，右侧顶上小叶的灰质体积与冲突适应效应正相关，左侧颞上回的灰质体积与冲突适应效应负相关，右侧缘上回和右侧中央前回的白质完整性与冲突适应效应呈现显著正相关，右侧枕外侧回、左侧颞上回及 dACG 与冲突适应效应呈现显著负相关。第五章在灰质体积和白质完整性方面都发现了 PPC 在冲突适应效应中的重要作用，说明 PPC 结构上的个体差异影响冲突适应效应的个体差异。同时，在白质完整性和退化程度上的结果都说明 dACG 的白质完整性与冲突适应效应负相关，该结果说明 dACG 的白质完整性更小的个体具有更好的冲突监测能力，从而表现出更高的冲突适应效应。为了使研究更具生态学效度，也为了确定冲突适应过程是否包含在日常生活的自我控制能力中，实验 6 考查冲突适应效应相关脑区对自我控制能力的预测力。

7.1 DLPFC 在冲突适应效应中的作用

本研究发现 DLPFC 的 ReHo 值不仅能够预测另一个独立样本的冲突适应效应（实验1），而且能够预测另一个独立样本的自我控制能力（实验6）。同时，静息态下 DLPFC 和相关脑区的连接强度与冲突适应效应相关（实验2），而任务态下 PPC 和 DLPFC 的连接强度与冲突适应效应显著正相关，高冲突适应效应个体更多地利用 PPC 与 DLPFC 组成的中央执行网络完成冲突任务（实验3）。这些结果说明 DLPFC 在冲突适应效应以及自我控制能力上具有重要作用。实际上，DLPFC 对于冲突适应的重要作用在传统利用组分析得到的结果中也一直有报告（Mansouri et al., 2007）。比如，DLPFC 在 II 条件下比 CI 条件有更大的激活（Egner and Hirsch, 2005a, b），而且其活动强度能够预测 II 试次中冲突诱发的行为调整的大小（Kerns et al., 2004）；DLPFC 通过增强目标相关信息脑区的神经活动来执行认知控制（Egner $ Hirsch, 2005a）。Mansouri 等人（2007）

在关于猴子脑损伤的研究中发现，双侧DLPFC损伤的猴子身上不存在冲突后行为调整过程，这进一步说明DLPFC在冲突适应中的重要作用。因此，研究者推测其在冲突适应中扮演执行控制的角色（Botvinick，Cohen，& Carter，2004）。

然而，也有一些证据表明DLPFC参与冲突监测过程。比如，相比低冲突条件，在双重冲突条件下，DLPFC的激活更强（Wittfoth et al.，2009）。实际上，对DLPFC的单细胞活动进行记录的结果发现，DLPFC神经元的活动表征任务冲突水平，而且与任务其他方面完全独立（Mansouri，Buckley，& Tanaka，2007），任务相关规则与刺激特征在DLPFC神经回路中保持和更新（Miller，2000；Miller & Cohen，2001；Mansouri et al.，2006）。通过保持任务上下文的丰富表征（如相关规则或者刺激-反应对应关系），DLPFC可能支持自上而下的认知控制（Mansouri et al.，2007）。Mansouri等人（2009）回顾了一系列的相关研究后推测，实验中观察到的与调整过程相关的DLPFC的激活实际上体现的是冲突过程中DLPFC的记忆功能。因此，DLPFC可能在冲突监测和执行控制中都有重要作用。本研究的结果还进一步说明，冲突适应效应的个体差异与DLPFC的自发活动及任务活动都呈显著相关。因此，如果要提高个体的认知控制能力或者自我控制能力，可以通过训练或者刺激DLPFC的功能来实现。

7.2 PPC 在冲突适应效应中的作用

在实验 2 和实验 3 中都发现了 PPC 与 DLPFC 的协同工作来完成冲突适应过程，而实验 4 和实验 5 又一次从结构的角度发现，顶叶的灰质体积和白质完整性都与冲突适应的个体差异密切相关，可见其重要性。实际上，很多研究都发现了 PPC 在冲突解决过程中的激活（Egner et al., 2007; Luks et al., 2007; Wang et al., 2010）。比如，Egner 和 Hirsch（2005）应用 Stroop 任务的研究发现，顶上小叶对冲突敏感，楔前叶对冲突适应过程敏感。还有研究发现，DLPFC 和背侧 PPC 对刺激表征水平上的冲突敏感，ACC 和 DLPFC 对反应水平上的冲突敏感（Liston et al., 2006），说明 PPC 可能在刺激层面的冲突解决中起作用。对猴子的研究也同样发现 PPC 可能包含在冲突加工过程中：Stoet 和 Snyder（2007）的研究发现，猴子在冲突任务中的行为表现出干扰效应，而 PPC 区域的神经元活动受到冲突水平的调节。

关于注意的研究发现，IPL 在自上而下的注意调节中起重要作用（Rushworth & Taylor, 2006; Green & McDonald, 2008; Silvanto et al., 2009; Taylor et al., 2011），其可能通过引导注

意关注目标相关维度，忽视无关维度来影响冲突适应中的执行控制过程。因此，PPC 可能主要参与刺激知觉层面的冲突解决，其主要是在大脑控制水平提高时，通过自上而下的注意引导来保证目标相关信息的加工，从而减少干扰信息的影响（Soutschek et al.，2013）。本研究发现 PPC 的个体差异与个体的冲突适应效应呈显著相关，说明冲突适应效应的个体差异可能与个体自上而下的注意调节能力相关。

7.3 ACC 在冲突适应效应中的作用

一般认为，ACC 在冲突适应效应中负责冲突监测，起着很重要的作用。然而，我们在整个研究中没有发现 ACC 的正面作用，反而是发现了 ACC 与 DLPFC 的连接强度与冲突适应效应负相关（实验 2），冲突适应效应小的个体表现出更强的 ACC 的连接模式（实验 3）。这似乎与传统上的观点不太一致。如果联系到 ACC 属于凸显网络的重要节点，那么其主要的冲突监测功能与凸显网络也是一致的，即以自下而上的方式对凸显刺激进行监测。因此，我们推测可能有些高冲突适应效应个体在实验前期需要 ACC 的监测功能，而在实验后期会一直处于高的控制水平，无须 ACC 的监测功能。做出该推论的原因是，有研究发现，尽管在整个扫描过程中冲突的行为效应一直存在，但是 ACC 激活却变小甚至消失。研究者推测，ACC 可能在冲突解决或者监测的最初阶段起作用，而在行为的后期阶段，由 DLPFC 来增加控制；另一个可能是，ACC 对冲突加工本身不起作用，而是在学习如何管理冲突情境或者如何连接和选择任务相关维度方面起作用（Milham et al., 2003；Erickson et al., 2004）。

事实上，有一些数据说明，在冲突适应效应中 ACC 可能并不重要。例如，有研究发现，知觉冲突条件下被试仍然表现出行为上的冲突效应，却没有出现相应的 ACC 激活（Zysset et al., 2001）。另外，有针对患者的研究也对 ACC 的冲突监测功能提出质疑：例如，4 位 ACC 损伤的患者在 Stroop 任务和 go/nogo 任务中拥有正常的冲突后行为调整能力以及错误后行为调整能力（Fellows & Farah, 2005）；再如，21 位 ACC 损伤的患者中有 15 位被试在 Stroop 任务的各个方面都表现正常，只有 1 位内侧额叶受损的患者表现出更大的 Stroop 干扰效应（Stuss et al., 2001）。关于动物的研究为我们提供了从细胞层面以及特定脑损伤层面进行研究的机会。而在猴子身上所做的单细胞记录研究到目前为止没有发现跟冲突相关的 ACC 的反应（Mansouri et al., 2009）。一项针对猴子的反撤销命令任务发现猴子表现出行为上的冲突效应，但是没有发现 ACC 神经元的激活（Ito et al.，2003）。在另一项研究中，让猴子根据颜色线索进行左右眼动，发现相比低冲突条件，高冲突条件下观察到 SEF 的激活增强，却没有观察到 ACC 的激活增强（Nakamura et al.，2005）。在另一项有关猴子的任务转换范式的研究中，发现猴子在行为上表现出冲突效应，冲突相关的激活增加发生在 PPC 神经元上（Stoet & Snyder，2003；Stoet & Snyder，2007）。Mansouri，Tanaka 和 Buckley（2007）的一项研究中，记录到 DLPFC 的一组神经元表征当前试次的冲突水平，而没有发现 ACC 神经元的相应反应。

ACC 总是与反应选择相联系。选择最恰当的行为总是需要先评估先前反应的结果，然而在不可预测的、随时改变的自然环境中，对于奖励期待以及行为价值的评估都是不确定的。一项研究提出，ACC 可能在追随不确定性以及环境可变性从而影响行为决策方面发挥重要作用（Rushworth & Behrens，2008）。实际上，在观察到新的结果时，环境的变异性以及相应的不确定性与人们 ACC 的激活相关（Behrens et al.，2007）。比如恒河猴大脑 ACC 的神经元在个体对于它们的行为价值最不确定时激活最强（Matsumoto et al.，2007）。ACC 神经元编码奖励预期，随着连续试次中奖励的接近，其活动强度也不断变化（Shidara & Richmond，2002）。而 ACC 损伤的研究发现，该区域对于动物根据最近获得的奖励建立决策非常重要（Kennerley et al., 2006）。因此，ACC 可能负责根据任务的上下文评估获得奖励的可能性。

7.4 主动性控制与反应性控制

根据 Braver 等人（2007，2012）提出的双重控制模型，主动性控制主要由 DLPFC 和顶叶完成（Braver et al., 2007；Boulinguez et al., 2009）；反应性控制与 ACC 和脑岛有关（Braver et al., 2009；Menon & Uddin, 2010）。实验 2 发现，DLPFC 和 PPC 的功能连接强度与冲突适应效应呈正相关，DLPFC 和双侧脑岛以及 ACC 的功能连接强度与冲突适应效应呈负相关。实验 3 发现，高冲突适应效应个体更多依赖中央执行网络完成冲突任务；低冲突适应效应个体更多依赖凸显网络完成冲突任务。我们推测，高冲突适应效应个体在面对冲突任务时，可能更多依靠中央控制网络，运用主动性控制策略来解决冲突。因此，其能够利用先前的冲突信号来解决当前的冲突信息，从而在行为上表现出更大的冲突适应效应。低冲突适应效应个体在面对冲突时，主要运用的是反应性控制策略，先前的冲突信号很难影响当前的冲突解决，而是在每一次面对冲突时依赖凸显网络进行监测,进而通过DLPFC来执行控制,从而表现出低的冲突适应效应。

7.5 结论

总之,本研究从多个角度对冲突适应效应个体差异的神经机制进行了考查,发现DLPFC及PPC在冲突适应效应中起重要作用。DLPFC在自发脑活动上的个体差异以及PPC在结构上的个体差异会影响冲突适应效应的个体差异,这就提示我们冲突适应效应的个体差异更多地体现在执行控制阶段。脑网络的研究结果提示我们,高冲突适应效应个体更多地采取主动性控制策略解决冲突,而低冲突适应效应个体更多地采取反应性控制策略完成冲突任务。最后,为了使研究结果更具生态学效度,我们将实验室中的研究拓展到生活中的自我控制能力方面,发现DLPFC的ReHo值能够预测个体生活中自我控制能力的两个维度,这说明可以将实验室中的研究结果应用于日常生活表现的预测中。

7.6 不足与展望

首先,本研究主要是从个体差异的角度对冲突适应效应进行研究，发现了一些显著相关的脑区，如 PPC 等。未来需要结合任务态进一步搞清楚 PPC 在冲突适应效应中的作用。

其次，本研究发现高冲突适应个体更多地依赖中央执行网络解决冲突，而低冲突适应个体更多地依靠凸显网络或者凸显网络与中央执行网络的协作来解决冲突。因此，我们推测高冲突适应效应个体采取主动性的控制策略，而低冲突适应效应个体采取反应性的控制策略。未来需要结合相应实验范式（如 AX-CPT 任务）确定推测的准确性。

最后，本研究发现与冲突适应效应个体差异相关的脑区可以预测个体生活中的自我控制能力，但没有进行相应的干预实验。未来可以结合多种技术手段（如经颅磁刺激、经颅直疏电刺激等）进行相应的干预实验，探索提高个体自我控制能力的方法。

参考文献

[1] Adolphs, R. Is the human amygdala specialized for processing social information? Ann N Y Acad Sci, 2003（985）: 326-340.

[2] Aichelburg, C., Urbanski, M., Thiebaut de Schotten, M., Humbert, F., Levy, R., & Volle, E. Morphometry of Left Frontal and Temporal Poles Predicts Analogical Reasoning Abilities. Cereb Cortex, 2016, 26（3）: 915-932.

[3] Alain, C., McNeely, H. E., He, Y., Christensen, B. K., & West, R. Neurophysiological evidence of error-monitoring deficits in patients with schizophrenia. Cereb Cortex, 2002, 12（8）: 840-846.

[4] Albanese, A. M., Merlo, A. B., Mascitti, T. A., Tornese, E. B., Gomez, E. E., Konopka, V., & Albanese, E. F. Inversion of the hemispheric laterality of the anterior cingulate gyrus in schizophrenics. Biol Psychiatry, 1995, 38（1）: 13-21.

[5] Alexander, A. L., Lee, J. E., Lazar, M., & Field, A. S. Diffusion tensor imaging of the brain. Neurotherapeutics, 2007, 4（3）: 316-329.

[6] Ashburner, J., & Friston, K. J. Voxel-based morphometry--the methods. Neuroimage, 2000（11）: 805-821.

[7] Bava, S., Thayer, R., Jacobus, J., Ward, M., Jernigan, T. L., & Tapert, S. F. Longitudinal characterization of white matter maturation during adolescence. Brain Res, 2010（1327）: 38-46.

[8] Beaulieu, C. The basis of anisotropic water diffusion in the nervous system-a technical review. NMR Biomed, 2002, 15（7-8）: 435-455.

[9] Behrens, T. E., Woolrich, M. W., Walton, M. E., & Rushworth, M. F. Learning the value of information in an uncertain world. Nat Neurosci, 2007, 10（9）：1214-1221.

[10] Bell, R. P., Foxe, J. J., Nierenberg, J., Hoptman, M. J., & Garavan, H. Assessing white matter integrity as a function of abstinence duration in former cocaine-dependent individuals. Drug Alcohol Depend, 2011, 114（2-3）：159-168.

[11] Berkman, E. T., & Falk, E. B. Beyond Brain Mapping: Using Neural Measures to Predict Real-World Outcomes. Curr Dir Psychol Sci, 2013, 22（1）：45-50.

[12] Bigler, E. D., Mortensen, S., Neeley, E. S., Ozonoff, S., Krasny, L., Johnson, M., . . . Lainhart, J. E. Superior temporal gyrus, language function, and autism. Dev Neuropsychol, 2007, 31（2）：217-238.

[13] Bishop, S. J. Trait anxiety and impoverished prefrontal control of attention. Nature Neuroscience, 2009, 12（1）：92-98.

[14] Biswal, B. B. Resting state fMRI: a personal history. Neuroimage, 2012, 62（2）：938-944.

[15] Biswal, B. B., Yetkin, F. Z., Haughton, V. M., & Hyde, J. S. Functional connectivity in the motor cortex of resting human brain using echo-planar MRI. Magn Reson Med, 1995, 34（4）：537-541.

[16] Botvinick, M. M., Braver, T. S., Barch, D. M., Carter, C. S., & Cohen, J. D. Conflict monitoring and cognitive control. Psychol Rev, 2001, 108（3）：624-652.

[17] Botvinick, M. M., Cohen, J. D., & Carter, C. S. Conflict monitoring and anterior cingulate cortex: an update. Trends Cogn Sci, 2004, 8（12）：539-546.

[18] Botvinick, M. M., Nystrom, L. E., Fissell, K., Carter, C. S., & Cohen, J. D. Conflict monitoring versus selection-for-action in anterior cingulate cortex. Nature, 1999, 402（6758）: 179-181.

[19] Boulinguez, P., Ballanger, B., Granjon, L., & Benraiss, A. The paradoxical effect of warning on reaction time: demonstrating proactive response inhibition with event-related potentials. Clin Neurophysiol, 2009, 120（4）: 730-737.

[20] Braver, T. S. The variable nature of cognitive control: a dual mechanisms framework. Trends Cogn Sci, 2012, 16（2）: 106-113.

[21] Braver, T. S., Paxton, J. L., Locke, H. S., & Barch, D. M. Flexible neural mechanisms of cognitive control within human prefrontal cortex. Proc Natl Acad Sci U S A, 2009, 106（18）: 7351-7356.

[22] Bressler, S. L., & Menon, V. Large-scale brain networks in cognition: emerging methods and principles. Trends Cogn Sci, 2010, 14（6）: 277-290.

[23] Bunge, S. A., Hazeltine, E., Scanlon, M. D., Rosen, A. C., & Gabrieli, J. D. Dissociable contributions of prefrontal and parietal cortices to response selection. Neuroimage, 2002, 17（3）: 1562-1571.

[24] Byrge, L., Sporns, O., & Smith, L. B. Developmental process emerges from extended brain-body-behavior networks. Trends Cogn Sci, 2014, 18（8）: 395-403.

[25] Carter, C. S., MacDonald, A. W., 3rd, Ross, L. L., & Stenger, V. A. Anterior cingulate cortex activity and impaired self-monitoring of performance in patients with schizophrenia: an event-related fMRI study. Am J Psychiatry, 2001, 158（9）: 1423-1428.

[26] Casey, B. J., Jones, R. M., & Hare, T. A. The adolescent brain. Ann N

Y Acad Sci, 2008, 1124, 111-126.

[27] Chambers, C. D., Stokes, M. G., & Mattingley, J. B. Modality-specific control of strategic spatial attention in parietal cortex. Neuron, 2004, 44（6）: 925-930.

[28] Choi, Y. Y., Shamosh, N. A., Cho, S. H., DeYoung, C. G., Lee, M. J., Lee, J. M., . . . Lee, K. H. Multiple bases of human intelligence revealed by cortical thickness and neural activation. J Neurosci, 2008, 28（41）: 10323-10329.

[29] Clayson, P. E., & Larson, M. J. Conflict adaptation and sequential trial effects: support for the conflict monitoring theory. Neuropsychologia, 2011, 49（7）: 1953-1961.

[30] Cohen, M. X., Schoene-Bake, J. C., Elger, C. E., & Weber, B. Connectivity-based segregation of the human striatum predicts personality characteristics. Nature Neuroscience, 2009, 12（1）: 32-34.

[31] Cole, M. W., Reynolds, J. R., Power, J. D., Repovs, G., Anticevic, A., & Braver, T. S. Multi-task connectivity reveals flexible hubs for adaptive task control. Nat Neurosci, 2013, 16（9）: 1348-1355.

[32] Corbetta, M., & Shulman, G. L. Control of goal-directed and stimulus-driven attention in the brain. Nat Rev Neurosci, 2002, 3（3）: 201-215.

[33] Coulthard, E. J., Nachev, P., & Husain, M. Control over conflict during movement preparation: role of posterior parietal cortex. Neuron, 2008, 58（1）: 144-157.

[34] Cremers, H., van Tol, M. J., Roelofs, K., Aleman, A., Zitman, F. G., van Buchem, M. A., . . . van der Wee, N. J. Extraversion is linked to volume of the orbitofrontal cortex and amygdala. PLoS One, 2011, 6（12）: e28421.

[35] Critchley, H. D., Tang, J., Glaser, D., Butterworth, B., & Dolan, R. J. Anterior cingulate activity during error and autonomic response. Neuroimage, 2005, 27（4）: 885-895.

[36] Crottaz-Herbette, S., & Menon, V. Where and when the anterior cingulate cortex modulates attentional response: combined fMRI and ERP evidence. J Cogn Neurosci, 2006, 18（5）: 766-780.

[37] Cui, Z., Zhong, S., Xu, P., He, Y., & Gong, G. PANDA: a pipeline toolbox for analyzing brain diffusion images. Front Hum Neurosci, 2013, 7, 42.

[38] Davis, K. D., Taylor, K. S., Hutchison, W. D., Dostrovsky, J. O., McAndrews, M. P., Richter, E. O., & Lozano, A. M. Human anterior cingulate cortex neurons encode cognitive and emotional demands. J Neurosci, 2005, 25（37）: 8402-8406.

[39] Davis, S. W., Dennis, N. A., Buchler, N. G., White, L. E., Madden, D. J., & Cabeza, R. Assessing the effects of age on long white matter tracts using diffusion tensor tractography. Neuroimage, 2009, 46（2）: 530-541.

[40] De Luca, M., Beckmann, C. F., De Stefano, N., Matthews, P. M., & Smith, S. M. fMRI resting state networks define distinct modes of long-distance interactions in the human brain. Neuroimage, 2006, 29（4）: 1359-1367.

[41] Desimone, R., & Duncan, J. Neural mechanisms of selective visual attention. Annu Rev Neurosci, 1995, 18, 193-222.

[42] Dosenbach, N. U., Fair, D. A., Cohen, A. L., Schlaggar, B. L., & Petersen, S. E. A dual-networks architecture of top-down control. Trends Cogn Sci, 2008, 12（3）: 99-105.

[43] Dosenbach, N. U., Fair, D. A., Miezin, F. M., Cohen, A. L., Wenger, K. K., Dosenbach, R. A., . . . Petersen, S. E. Distinct brain networks for adaptive and stable task control in humans. Proc Natl Acad Sci U S A, 2007, 104（26）: 11073-11078.

[44] Dosenbach, N. U., Visscher, K. M., Palmer, E. D., Miezin, F. M., Wenger, K. K., Kang, H. C., . . . Petersen, S. E. A core system for the implementation of task sets. Neuron, 2006, 50（5）: 799-812.

[45] Downar, J., Crawley, A. P., Mikulis, D. J., & Davis, K. D. A multimodal cortical network for the detection of changes in the sensory environment. Nat Neurosci, 2000, 3（3）: 277-283.

[46] Downar, J., Crawley, A. P., Mikulis, D. J., & Davis, K. D. A cortical network sensitive to stimulus salience in a neutral behavioral context across multiple sensory modalities. J Neurophysiol, 2002, 87（1）: 615-620.

[47] Dreisbach, G & Fischer, R. Conflicts as aversive signals for control adaptation. Current directions in psychological science: a journal of the American Psychological Society, 2015, 24(4), 255-260.

[48] Dreisbach, G. , & Fischer, R. .Conflicts as aversive signals. Brain Cogn, 2012, 78(2), 94-98.

[49] Dubois, J., Dehaene-Lambertz, G., Perrin, M., Mangin, J. F., Cointepas, Y., Duchesnay, E., . . . Hertz-Pannier, L. Asynchrony of the early maturation of white matter bundles in healthy infants: quantitative landmarks revealed noninvasively by diffusion tensor imaging. Hum Brain Mapp, 2008, 29（1）: 14-27.

[50] Egner, T. Congruency sequence effects and cognitive control. Cogn Affect Behav Neurosci, 2007, 7（4）: 380-390.

[51] Egner, T. Right ventrolateral prefrontal cortex mediates individual differences in conflict-driven cognitive control. J Cogn Neurosci, 2011, 23（12）: 3903-3913.

[52] Egner, T., Delano, M., & Hirsch, J. Separate conflict-specific cognitive control mechanisms in the human brain. Neuroimage, 2007, 35（2）: 940-948.

[53] Egner, T., & Hirsch, J. Cognitive control mechanisms resolve conflict through cortical amplification of task-relevant information. Nat Neurosci, 2005a, 8（12）: 1784-1790.

[54] Egner, T., & Hirsch, J. The neural correlates and functional integration of cognitive control in a Stroop task. Neuroimage, 2005b, 24（2）: 539-547.

[55] Elton, A., & Gao, W. Divergent task-dependent functional connectivity of executive control and salience networks. Cortex, 2014, 51, 56-66.

[56] Erickson, K. I., Milham, M. P., Colcombe, S. J., Kramer, A. F., Banich, M. T., Webb, A., & Cohen, N. J. Behavioral conflict, anterior cingulate cortex, and experiment duration: implications of diverging data. Hum Brain Mapp, 2004, 21（2）: 98-107.

[57] Falk, E. B., Berkman, E. T., Mann, T., Harrison, B., & Lieberman, M. D. Predicting persuasion-induced behavior change from the brain. J Neurosci, 2010, 30（25）: 8421-8424.

[58] Falk, E. B., Berkman, E. T., Whalen, D., & Lieberman, M. D. Neural activity during health messaging predicts reductions in smoking above and beyond self-report. Health Psychol, 2011, 30（2）: 177-185.

[59] Fellows, L. K., & Farah, M. J. Is anterior cingulate cortex necessary for cognitive control? Brain, 2005, 128（Pt 4）: 788-796.

[60] Filevich, E., Kuhn, S., & Haggard, P. Intentional inhibition in human action: the power of 'no'. Neurosci Biobehav Rev, 2012, 36 (4): 1107-1118.

[61] Fischer, R., Gottschalk, C., & Dreisbach, G. Context-sensitive adjustment of cognitive control in dual-task performance. J Exp Psychol Learn Mem Cogn, 2014, 40 (2): 399-416.

[62] Fischer, R., Plessow, F., Kunde, W., & Kiesel, A. Trial-to-trial modulations of the Simon effect in conditions of attentional limitations: Evidence from dual tasks. J Exp Psychol Hum Percept Perform, 2010, 36 (6): 1576-1594.

[63] Fox, M. D., & Raichle, M. E. Spontaneous fluctuations in brain activity observed with functional magnetic resonance imaging. Nat Rev Neurosci, 2007, 8 (9): 700-711.

[64] Fox, M. D., Snyder, A. Z., Vincent, J. L., Corbetta, M., Van Essen, D. C., & Raichle, M. E. The human brain is intrinsically organized into dynamic, anticorrelated functional networks. Proc Natl Acad Sci U S A, 2005, 102 (27): 9673-9678.

[65] Friederici, A. D., Ruschemeyer, S. A., Hahne, A., & Fiebach, C. J. The role of left inferior frontal and superior temporal cortex in sentence comprehension: localizing syntactic and semantic processes. Cereb Cortex, 2003, 13 (2): 170-177.

[66] Friston, K. J., Buechel, C., Fink, G. R., Morris, J., Rolls, E., & Dolan, R. J. Psychophysiological and modulatory interactions in neuroimaging. Neuroimage, 1997, 6 (3): 218-229.

[67] Gratton, G., Coles, M. G., & Donchin, E. Optimizing the use of information: strategic control of activation of responses. J Exp Psychol

Gen, 1992, 121（4）: 480-506.

[68] Haddon, J. E., & Killcross, S. Prefrontal cortex lesions disrupt the contextual control of response conflict. J Neurosci, 2006, 26（11）: 2933-2940.

[69] Hall, J. H., Fals-Stewart, W., & Fincham, F. D. Risky sexual behavior among married alcoholic men. J Fam Psychol, 2008 22（2）: 287-292.

[70] Hampson, M., Driesen, N. R., Skudlarski, P., Gore, J. C., & Constable, R. T. Brain connectivity related to working memory performance. J Neurosci, 2006, 26（51）: 13338-13343.

[71] Heckers, S., Weiss, A. P., Deckersbach, T., Goff, D. C., Morecraft, R. J., & Bush, G. Anterior cingulate cortex activation during cognitive interference in schizophrenia. Am J Psychiatry, 2004, 161（4）: 707-715.

[72] Henik, A., & Salo, R. Schizophrenia and the stroop effect. Behav Cogn Neurosci Rev, 2004, 3（1）: 42-59.

[73] Hofmann, W., Friese, M., & Strack, F. Impulse and Self-Control From a Dual-Systems Perspective. Perspect Psychol Sci, 2009, 4（2）: 162-176.

[74] Hofmann, W., Gschwendner, T., Friese, M., Wiers, R. W., & Schmitt, M. Working memory capacity and self-regulatory behavior: toward an individual differences perspective on behavior determination by automatic versus controlled processes. J Pers Soc Psychol, 2008, 95（4）: 962-977.

[75] Hommel, B. Event files: feature binding in and across perception and action. Trends Cogn Sci, 2004, 8（11）: 494-500. doi: 10.1016/j.tics.2004.08.007

[76] Hommel, B., Proctor, R. W., & Vu, K. P. A feature-integration account

of sequential effects in the Simon task. Psychol Res, 2004, 68(1): 1-17.

[77] Honey, C. J., Sporns, O., Cammoun, L., Gigandet, X., Thiran, J. P., Meuli, R., & Hagmann, P. Predicting human resting-state functional connectivity from structural connectivity. Proc Natl Acad Sci U S A, 2009, 106 (6): 2035-2040.

[78] Hwang, K., Velanova, K., & Luna, B. Strengthening of top-down frontal cognitive control networks underlying the development of inhibitory control: a functional magnetic resonance imaging effective connectivity study. J Neurosci, 2010, 30 (46): 15535-15545.

[79] Inzlicht, M., Bartholow, B. D., & Hirsh, J. B. Emotional foundations of cognitive control. Trends Cogn Sci, 2015, 19 (3): 126-132. doi: 10.1016/j.tics.2015.01.004

[80] Ito, S., Stuphorn, V., Brown, J. W., & Schall, J. D. Performance monitoring by the anterior cingulate cortex during saccade countermanding. Science, 2003, 302 (5642): 120-122.

[81] Jenkinson, M., Beckmann, C. F., Behrens, T. E., Woolrich, M. W., & Smith, S. M. Fsl. Neuroimage, 2012, 62 (2): 782-790.

[82] Jiang, L., Xu, T., He, Y., Hou, X. H., Wang, J., Cao, X. Y., . . . Zuo, X. N. Toward neurobiological characterization of functional homogeneity in the human cortex: regional variation, morphological association and functional covariance network organization. Brain Struct Funct, 2015, 220 (5): 2485-2507.

[83] Jou, R. J., Minshew, N. J., Keshavan, M. S., Vitale, M. P., & Hardan, A. Y. Enlarged right superior temporal gyrus in children and adolescents with autism. Brain Res, 2010, 1360, 205-212.

[84] Kanai, R., Bahrami, B., Duchaine, B., Janik, A., Banissy, M. J., &

Rees, G. Brain structure links loneliness to social perception. Curr Biol, 2012, 22（20）: 1975-1979.

[85] Kanai, R., & Rees, G. The structural basis of inter-individual differences in human behaviour and cognition. Nat Rev Neurosci, 2011, 12（4）: 231-242.

[86] Karlsgodt, K. H., Sun, D., & Cannon, T. D. Structural and Functional Brain Abnormalities in Schizophrenia. Curr Dir Psychol Sci, 2010, 19（4）: 226-231.

[87] Kelly, A. M., Uddin, L. Q., Biswal, B. B., Castellanos, F. X., & Milham, M. P. Competition between functional brain networks mediates behavioral variability. Neuroimage, 2008 39（1）: 527-537.

[88] Kennerley, S. W., Walton, M. E., Behrens, T. E., Buckley, M. J., & Rushworth, M. F. Optimal decision making and the anterior cingulate cortex. Nat Neurosci, 2006, 9（7）: 940-947.

[89] Kerns, J. G. Anterior cingulate and prefrontal cortex activity in an fMRI study of trial-to-trial adjustments on the Simon task. Neuroimage, 2006, 33（1）: 399-405.

[90] Kerns, J. G., Cohen, J. D., MacDonald, A. W., 3rd, Cho, R. Y., Stenger, V. A., & Carter, C. S. Anterior cingulate conflict monitoring and adjustments in control. Science, 2004, 303（5660）: 1023-1026.

[91] Kerns, J. G., Cohen, J. D., MacDonald, A. W., 3rd, Johnson, M. K., Stenger, V. A., Aizenstein, H., & Carter, C. S. Decreased conflict- and error-related activity in the anterior cingulate cortex in subjects with schizophrenia. Am J Psychiatry, 2005, 162（10）: 1833-1839.

[92] Kim, C., Chung, C., & Kim, J. Multiple cognitive control mechanisms associated with the nature of conflict. Neurosci Lett, 2010, 476（3）:

156-160.

[93] Klauer, K. C., Schmitz, F., Teige-Mocigemba, S., & Voss, A. Understanding the role of executive control in the implicit association test: why flexible people have small IAT effects. Q J Exp Psychol (Hove): 2010, 63 (3): 595-619.

[94] Kopp, B., & Rist, F. An event-related brain potential substrate of disturbed response monitoring in paranoid schizophrenic patients. J Abnorm Psychol, 1999, 108 (2): 337-346.

[95] Krause, F., Lindemann, O., Toni, I., & Bekkering, H. Different brains process numbers differently: structural bases of individual differences in spatial and nonspatial number representations. J Cogn Neurosci, 2014, 26 (4): 768-776.

[96] Krebs, R. M., Boehler, C. N., & Woldorff, M. G. The influence of reward associations on conflict processing in the Stroop task. Cognition, 2010, 117 (3): 341-347.

[97] Lauwereyns, J., Koizumi, M., Sakagami, M., Hikosaka, O., Kobayashi, S., & Tsutsui, K. Interference from irrelevant features on visual discrimination by macaques (Macaca fuscata): a behavioral analogue of the human Stroop effect. J Exp Psychol Anim Behav Process, 2000, 26 (3): 352-357.

[98] Lichtman, J. W., & Denk, W. The big and the small: challenges of imaging the brain's circuits. Science, 2011 334 (6056): 618-623.

[99] Linden, D. E., Prvulovic, D., Formisano, E., Vollinger, M., Zanella, F. E., Goebel, R., & Dierks, T. The functional neuroanatomy of target detection: an fMRI study of visual and auditory oddball tasks. Cereb Cortex, 1999, 9 (8): 815-823.

[100] Liston, C., Matalon, S., Hare, T. A., Davidson, M. C., & Casey, B. J. Anterior cingulate and posterior parietal cortices are sensitive to dissociable forms of conflict in a task-switching paradigm. Neuron, 2006, 50（4）: 643-653.

[101] Liu, H., Li, L., Hao, Y., Cao, D., Xu, L., Rohrbaugh, R., . . . Liu, Z. Disrupted white matter integrity in heroin dependence: a controlled study utilizing diffusion tensor imaging. Am J Drug Alcohol Abuse, 2008, 34（5）: 562-575.

[102] Liu, P., Yang, W., Chen, J., Huang, X., & Chen, A. Alertness modulates conflict adaptation and feature integration in an opposite way. PLoS One, 2013, 8（11）: e79146.

[103] Luks, T. L., Simpson, G. V., Dale, C. L., & Hough, M. G. Preparatory allocation of attention and adjustments in conflict processing. Neuroimage, 2007, 35（2）: 949-958.

[104] MacDonald, A. W., 3rd, Cohen, J. D., Stenger, V. A., & Carter, C. S. Dissociating the role of the dorsolateral prefrontal and anterior cingulate cortex in cognitive control. Science, 2000, 288（5472）: 1835-1838.

[105] Mansouri, F. A., Buckley, M. J., & Tanaka, K. Mnemonic function of the dorsolateral prefrontal cortex in conflict-induced behavioral adjustment. Science, 2007, 318（5852）: 987-990.

[106] Mansouri, F. A., Matsumoto, K., & Tanaka, K. Prefrontal cell activities related to monkeys' success and failure in adapting to rule changes in a Wisconsin Card Sorting Test analog. J Neurosci, 2006, 26（10）: 2745-2756.

[107] Mansouri, F. A., Tanaka, K., & Buckley, M. J. Conflict-induced

behavioural adjustment: a clue to the executive functions of the prefrontal cortex. Nat Rev Neurosci, 2009, 10（2）：141-152.

[108] Markela-Lerenc, J., Ille, N., Kaiser, S., Fiedler, P., Mundt, C., & Weisbrod, M. Prefrontal-cingulate activation during executive control: which comes first? Brain Res Cogn Brain Res, 2004, 18（3）：278-287.

[109] Matsumoto, K., & Tanaka, K. Neuroscience. Conflict and cognitive control. Science, 2004, 303（5660）：969-970.

[110] Matsumoto, M., Matsumoto, K., Abe, H., & Tanaka, K. Medial prefrontal cell activity signaling prediction errors of action values. Nat Neurosci, 2007, 10（5）：647-656.

[111] Mayr, U., Awh, E., & Laurey, P. Conflict adaptation effects in the absence of executive control. Nat Neurosci, 2003 6（5）：450-452.

[112] McDonald, J. J., & Green, J. J. Isolating event-related potential components associated with voluntary control of visuo-spatial attention. Brain Res, 2008, 1227, 96-109.

[113] Melcher, T., Falkai, P., & Gruber, O. Functional brain abnormalities in psychiatric disorders: neural mechanisms to detect and resolve cognitive conflict and interference. Brain Res Rev, 2008, 59（1）：96-124.

[114] Menon, V. Large-scale brain networks and psychopathology: a unifying triple network model. Trends Cogn Sci, 2011, 15（10）：483-506.

[115] Menon, V., & Uddin, L. Q. Saliency, switching, attention and control: a network model of insula function. Brain Struct Funct, 2010, 214（5-6）：655-667.

[116] Milham, M. P., Banich, M. T., Claus, E. D., & Cohen, N. J. Practice-related effects demonstrate complementary roles of anterior cingulate

and prefrontal cortices in attentional control. Neuroimage, 2003, 18（2）: 483-493.

[117] Miller, E. K. The prefrontal cortex and cognitive control. Nat Rev Neurosci, 2000, 1（1）: 59-65.

[118] Miller, E. K., & Cohen, J. D. An integrative theory of prefrontal cortex function. Annu Rev Neurosci, 2001, 24, 167-202.

[119] Mitchell, J. P., Schirmer, J., Ames, D. L., & Gilbert, D. T. Medial prefrontal cortex predicts intertemporal choice. J Cogn Neurosci, 2011, 23（4）: 857-866.

[120] Miyake, A., Friedman, N. P., Emerson, M. J., Witzki, A. H., Howerter, A., & Wager, T. D. The unity and diversity of executive functions and their contributions to complex "Frontal Lobe" tasks: a latent variable analysis. Cogn Psychol, 2000, 41（1）: 49-100.

[121] Mueller, S., Wang, D., Fox, M. D., Yeo, B. T., Sepulcre, J., Sabuncu, M. R., . . . Liu, H. Individual variability in functional connectivity architecture of the human brain. Neuron, 2013, 77（3）: 586-595.

[122] Mullin, C. R., & Steeves, J. K. TMS to the lateral occipital cortex disrupts object processing but facilitates scene processing. J Cogn Neurosci, 2011, 23（12）: 4174-4184.

[123] Nakamura, K., Roesch, M. R., & Olson, C. R. Neuronal activity in macaque SEF and ACC during performance of tasks involving conflict. J Neurophysiol, 2005, 93（2）: 884-908.

[124] Nieuwenhuis, S., Stins, J. F., Posthuma, D., Polderman, T. J., Boomsma, D. I., & de Geus, E. J. Accounting for sequential trial effects in the flanker task: conflict adaptation or associative priming? Memory and Cognition, 2006, 34（6）: 1260-1272.

[125] Notebaert, W., & Verguts, T. Stimulus conflict predicts conflict adaptation in a numerical flanker task. Psychon Bull Rev, 2006, 13(6): 1078-1084.

[126] O'Reilly, J. X., Woolrich, M. W., Behrens, T. E., Smith, S. M., & Johansen-Berg, H. Tools of the trade: psychophysiological interactions and functional connectivity. Soc Cogn Affect Neurosci, 2012, 7 (5): 604-609.

[127] Pamplona, G. S., Santos Neto, G. S., Rosset, S. R., Rogers, B. P., & Salmon, C. E. Analyzing the association between functional connectivity of the brain and intellectual performance. Front Hum Neurosci, 2015, 9, 61.

[128] Power, J. D., & Petersen, S. E. Control-related systems in the human brain. Curr Opin Neurobiol, 2013, 23 (2): 223-228.

[129] Pronk, T. M., Karremans, J. C., Overbeek, G., Vermulst, A. A., & Wigboldus, D. H. What it takes to forgive: When and why executive functioning facilitates forgiveness. J Pers Soc Psychol, 2010, 98 (1): 119-131.

[130] Pronk, T. M., Karremans, J. C., & Wigboldus, D. H. How can you resist? Executive control helps romantically involved individuals to stay faithful. J Pers Soc Psychol, 2011, 100 (5): 827-837.

[131] Radua, J., Phillips, M. L., Russell, T., Lawrence, N., Marshall, N., Kalidindi, S., . . . Surguladze, S. A. Neural response to specific components of fearful faces in healthy and schizophrenic adults. Neuroimage, 2010, 49 (1): 939-946.

[132] Raichle, M. E. Two views of brain function. Trends Cogn Sci, 2010, 14 (4): 180-190.

[133] Raichle, M. E., MacLeod, A. M., Snyder, A. Z., Powers, W. J., Gusnard, D. A., & Shulman, G. L. A default mode of brain function. Proc Natl Acad Sci U S A, 2001, 98（2）: 676-682.

[134] Rushworth, M. F., & Behrens, T. E. Choice, uncertainty and value in prefrontal and cingulate cortex. Nat Neurosci, 2008, 11（4）: 389-397.

[135] Rushworth, M. F., Behrens, T. E., & Johansen-Berg, H. Connection patterns distinguish 3 regions of human parietal cortex. Cereb Cortex, 2006, 16（10）: 1418-1430.

[136] Rushworth, M. F., Paus, T., & Sipila, P. K. Attention systems and the organization of the human parietal cortex. J Neurosci, 2001, 21（14）: 5262-5271.

[137] Salo, R., Ursu, S., Buonocore, M. H., Leamon, M. H., & Carter, C. Impaired prefrontal cortical function and disrupted adaptive cognitive control in methamphetamine abusers: a functional magnetic resonance imaging study. Biol Psychiatry, 2009, 65（8）: 706-709.

[138] Seeley, W. W., Menon, V., Schatzberg, A. F., Keller, J., Glover, G. H., Kenna, H., . . . Greicius, M. D. Dissociable intrinsic connectivity networks for salience processing and executive control. J Neurosci, 2007, 27（9）: 2349-2356.

[139] Seghete, K. L., Herting, M. M., & Nagel, B. J. White matter microstructure correlates of inhibition and task-switching in adolescents. Brain Res, 2013, 1527, 15-28.

[140] Sheth, S. A., Mian, M. K., Patel, S. R., Asaad, W. F., Williams, Z. M., Dougherty, D. D., . . . Eskandar, E. N. Human dorsal anterior cingulate cortex neurons mediate ongoing behavioural adaptation. Nature, 2012, 488（7410）: 218-221.

[141] Shidara, M., & Richmond, B. J. Anterior cingulate: single neuronal signals related to degree of reward expectancy. Science, 2002, 296 (5573): 1709-1711.

[142] Silvanto, J., Muggleton, N., Lavie, N., & Walsh, V. The perceptual and functional consequences of parietal top-down modulation on the visual cortex. Cereb Cortex, 2009, 19 (2): 327-330.

[143] Smith, S. M., Fox, P. T., Miller, K. L., Glahn, D. C., Fox, P. M., Mackay, C. E., ... Beckmann, C. F. Correspondence of the brain's functional architecture during activation and rest. Proc Natl Acad Sci U S A, 2009, 106 (31): 13040-13045.

[144] Song, M., Zhou, Y., Li, J., Liu, Y., Tian, L., Yu, C., & Jiang, T. Brain spontaneous functional connectivity and intelligence. Neuroimage, 2008, 41 (3): 1168-1176.

[145] Song, S. K., Sun, S. W., Ramsbottom, M. J., Chang, C., Russell, J., & Cross, A. H. Dysmyelination revealed through MRI as increased radial (but unchanged axial) diffusion of water. Neuroimage, 2002, 17 (3): 1429-1436.

[146] Song, X. W., Dong, Z. Y., Long, X. Y., Li, S. F., Zuo, X. N., Zhu, C. Z., ... Zang, Y. F. REST: a toolkit for resting-state functional magnetic resonance imaging data processing. PLoS One, 2011, 6 (9): e25031.

[147] Sotak, C. H. The role of diffusion tensor imaging in the evaluation of ischemic brain injury - a review. NMR Biomed, 2002, 15 (7-8): 561-569.

[148] Soto, D., Rotshtein, P., & Kanai, R. Parietal structure and function explain human variation in working memory biases of visual attention. Neuroimage, 2014, 89, 289-296.

[149] Soutschek, A., Taylor, P. C., Muller, H. J., & Schubert, T. Dissociable networks control conflict during perception and response selection: a transcranial magnetic stimulation Study. J Neurosci, 2013, 33 (13): 5647-5654.

[150] Stewart, B. D., von Hippel, W., & Radvansky, G. A. Age, race, and implicit prejudice: using process dissociation to separate the underlying components. Psychological Science, 2009, 20 (2): 164-168.

[151] Stoet, G., & Snyder, L. H. Executive control and task-switching in monkeys. Neuropsychologia, 2003, 41 (10): 1357-1364.

[152] Stoet, G., & Snyder, L. H. Correlates of stimulus-response congruence in the posterior parietal cortex. J Cogn Neurosci, 2007, 19 (2): 194-203.

[153] Sturmer, B., Leuthold, H., Soetens, E., Schroter, H., & Sommer, W. Control over location-based response activation in the Simon task: behavioral and electrophysiological evidence. J Exp Psychol Hum Percept Perform, 2002, 28 (6): 1345-1363.

[154] Stuss, D. T., Floden, D., Alexander, M. P., Levine, B., & Katz, D. Stroop performance in focal lesion patients: dissociation of processes and frontal lobe lesion location. Neuropsychologia, 2001, 39 (8): 771-786.

[155] Suarez, R. O., Golby, A., Whalen, S., Sato, S., Theodore, W. H., Kufta, C. V., . . . Bromfield, E. B. Contributions to singing ability by the posterior portion of the superior temporal gyrus of the non-language-dominant hemisphere: first evidence from subdural cortical stimulation, Wada testing, and fMRI. Cortex, 2010, 46 (3): 343-353.

[156] Takeuchi, H., Taki, Y., Sekiguchi, A., Hashizume, H., Nouchi, R., Sassa, Y., . . . Kawashima, R. Mean diffusivity of globus pallidus associated with verbal creativity measured by divergent thinking and creativity-related temperaments in young healthy adults. Hum Brain Mapp, 2015, 36（5）: 1808-1827.

[157] Tan, L. H., Chen, L., Yip, V., Chan, A. H., Yang, J., Gao, J. H., & Siok, W. T. Activity levels in the left hemisphere caudate-fusiform circuit predict how well a second language will be learned. Proc Natl Acad Sci U S A, 2011, 108（6）: 2540-2544.

[158] Tang, D., Hu, L., & Chen, A. The neural oscillations of conflict adaptation in the human frontal region. Biol Psychol, 2013, 93（3）: 364-372.

[159] Tangney, J. P., Baumeister, R. F., & Boone, A. L. High self-control predicts good adjustment, less pathology, better grades, and interpersonal success. J Pers, 2004, 72（2）: 271-324.

[160] Taylor, P. C., Muggleton, N. G., Kalla, R., Walsh, V., & Eimer, M. TMS of the right angular gyrus modulates priming of pop-out in visual search: combined TMS-ERP evidence. J Neurophysiol, 2011, 106（6）: 3001-3009.

[161] Tian, L., Ren, J., & Zang, Y. Regional homogeneity of resting state fMRI signals predicts Stop signal task performance. Neuroimage, 2012, 60（1）: 539-544.

[162] Tuch, D. S., Salat, D. H., Wisco, J. J., Zaleta, A. K., Hevelone, N. D., & Rosas, H. D. Choice reaction time performance correlates with diffusion anisotropy in white matter pathways supporting visuospatial attention. Proc Natl Acad Sci U S A, 2005, 102（34）: 12212-12217.

[163] Ullsperger, M., Bylsma, L. M., & Botvinick, M. M. The conflict adaptation effect: it's not just priming. Cogn Affect Behav Neurosci, 2005, 5 (4): 467-472.

[164] van Veen, V., Cohen, J. D., Botvinick, M. M., Stenger, V. A., & Carter, C. S. Anterior cingulate cortex, conflict monitoring, and levels of processing. Neuroimage, 2001, 14 (6): 1302-1308.

[165] Vendrell, P., Junque, C., Pujol, J., Jurado, M. A., Molet, J., & Grafman, J. The role of prefrontal regions in the Stroop task. Neuropsychologia, 1995, 33 (3): 341-352.

[166] Verbruggen, F., Notebaert, W., Liefooghe, B., & Vandierendonck, A. Stimulus- and response-conflict-induced cognitive control in the flanker task. Psychon Bull Rev, 2006, 13 (2): 328-333.

[167] Verguts, T., & Notebaert, W. Hebbian learning of cognitive control: dealing with specific and nonspecific adaptation. Psychol Rev, 2008, 115 (2): 518-525.

[168] Verguts, T., & Notebaert, W. Adaptation by binding: a learning account of cognitive control. Trends Cogn Sci, 2009, 13 (6): 252-257.

[169] Vincent, J. L., Kahn, I., Snyder, A. Z., Raichle, M. E., & Buckner, R. L. Evidence for a frontoparietal control system revealed by intrinsic functional connectivity. J Neurophysiol, 2008, 100 (6): 3328-3342.

[170] Volter, C., Strobach, T., Aichert, D. S., Wostmann, N., Costa, A., Moller, H. J., . . . Ettinger, U. Schizotypy and behavioural adjustment and the role of neuroticism. PLoS One, 2012, 7 (2): e30078.

[171] Wang, L., Liu, X., Guise, K. G., Knight, R. T., Ghajar, J., & Fan, J. Effective connectivity of the fronto-parietal network during attentional control. J Cogn Neurosci, 2010, 22 (3): 543-553.

[172] Wang, T., Chen, Z., Zhao, G., Hitchman, G., Liu, C., Zhao, X., . . . Chen, A. Linking inter-individual differences in the conflict adaptation effect to spontaneous brain activity. Neuroimage, 2014, 90, 146-152.

[173] Warach, S., Mosley, M., Sorensen, A. G., & Koroshetz, W. Time course of diffusion imaging abnormalities in human stroke. Stroke, 1996, 27 (7): 1254-1256.

[174] Wei, Q. L., Han, Z. L., Wu, X. L., Kang, Z., Li, L. J., Zheng, L. R., . . . Zhang, J. B. [Comparison of white matter integrity of schizophrenic patients with and without impulsive behaviors by diffusion tensor magnetic resonance imaging]. Zhonghua Yi Xue Za Zhi, 2011, 91(43): 3030-3033.

[175] Weiss, E. M., Golaszewski, S., Mottaghy, F. M., Hofer, A., Hausmann, A., Kemmler, G., . . . Fleischhacker, W. W. Brain activation patterns during a selective attention test-a functional MRI study in healthy volunteers and patients with schizophrenia. Psychiatry Res, 2003, 123 (1): 1-15.

[176] Wendt, M., Heldmann, M., Munte, T. F., & Kluwe, R. H. Disentangling sequential effects of stimulus- and response-related conflict and stimulus-response repetition using brain potentials. J Cogn Neurosci, 2007, 19 (7): 1104-1112.

[177] Werring, D. J., Toosy, A. T., Clark, C. A., Parker, G. J., Barker, G. J., Miller, D. H., & Thompson, A. J. Diffusion tensor imaging can detect and quantify corticospinal tract degeneration after stroke. J Neurol Neurosurg Psychiatry, 2000, 69 (2): 269-272.

[178] Westerhausen, R., Kreuder, F., Woerner, W., Huster, R. J., Smit, C. M., Schweiger, E., & Wittling, W. Interhemispheric transfer time and

structural properties of the corpus callosum. Neurosci Lett, 2006, 409（2）: 140-145.

[179] Wolff, M., Kronke, K. M., & Goschke, T. Trait self-control is predicted by how reward associations modulate Stroop interference. Psychol Res. 2015.

[180] Woodard, J. L., Seidenberg, M., Nielson, K. A., Smith, J. C., Antuono, P., Durgerian, S., . . . Rao, S. M. Prediction of cognitive decline in healthy older adults using fMRI. J Alzheimers Dis, 2010, 21（3）: 871-885.

[181] Xu, M., De Beuckelaer, A., Wang, X., Liu, L., Song, Y., & Liu, J. Regional amplitude of the low-frequency fluctuations at rest predicts word-reading skill. Neuroscience, 2015, 298, 318-328.

[182] Yan, C., & Zang, Y. DPARSF: A MATLAB Toolbox for "Pipeline" Data Analysis of Resting-State fMRI. Front Syst Neurosci, 2010 4, 13.

[183] Yang, J., Tian, X., Wei, D., Liu, H., Zhang, Q., Wang, K., . . . Qiu, J. Macro and micro structures in the dorsal anterior cingulate cortex contribute to individual differences in self-monitoring. Brain Imaging Behav. 2015.

[184] Yoon, J. H., Minzenberg, M. J., Ursu, S., Ryan Walter, B. S., Wendelken, C., Ragland, J. D., & Carter, C. S. Association of dorsolateral prefrontal cortex dysfunction with disrupted coordinated brain activity in schizophrenia: relationship with impaired cognition, behavioral disorganization, and global function. Am J Psychiatry, 2008, 165（8）: 1006-1014.

[185] Zang, Y., Jiang, T., Lu, Y., He, Y., & Tian, L. Regional homogeneity approach to fMRI data analysis. Neuroimage, 2004 22（1）: 394-400.

[186] Zhang, L., Ding, C., Li, H., Zhang, Q., & Chen, A. The influence of attentional control on stimulus processing is category specific in Stroop tasks: Attentional control. Psychol Res, 2013, 77（5）: 599-610.

[187] Zuo, X. N., Xu, T., Jiang, L., Yang, Z., Cao, X. Y., He, Y., ... Milham, M. P. Toward reliable characterization of functional homogeneity in the human brain: preprocessing, scan duration, imaging resolution and computational space. Neuroimage, 2013, 65, 374-386.

[188] Zysset, S., Muller, K., Lohmann, G., & von Cramon, D. Y. Color-word matching stroop task: separating interference and response conflict. Neuroimage, 2001, 13（1）: 29-36.

[189] 刘培朵, 杨文静, 田夏, 陈安涛. 冲突适应效应研究述评 [J]. 心理科学进展, 2012, 20（4）: 532-541.

[190] 刘勋, 南威治, 王凯, 李琦. 认知控制的模块化组织 [J]. 心理科学进展, 2013, 21（12）: 2091-2102.

[191] 唐丹丹, 陈安涛. 冲突观察所诱发的冲突适应: ERP 研究 [J]. 中国科学: 生命科学, 2012, 42（12）: 1010-1017.

[192] 唐丹丹, 刘培朵, 陈安涛. 冲突观察能诱发冲突适应 [J]. 心理学报, 2012, 44（3）: 295-303.

[193] 谭树华, 郭永玉. 大学生自我控制量表的修订 [J]. 中国临床心理学杂志, 2008, 16（5）, 468-470.

[194] 位东涛, 蒙杰, 李亚丹, 张庆林, 邱江. 基于个体差异的大样本脑影像数据在心理学研究中的应用 [J]. 科学通报, 2015（11）: 976-985.